Knacke deinen Einzigartigkeits-Code!

Knacke deinen Einzigartigkeits-Code!

12 kreative Flow-Schlüssel, die dich deinen Träumen näherbringen

Anne-Kerstin Busch

Bibliografische Information der Deutschen Nationalbibliothek:

Die Deutsche Nationalbibliothek verzeichnet diese Publikation in der Deutschen Nationalbibliografie; detaillierte bibliografische Daten sind im Internet über http://dnb.dnb.de abrufbar.

© 2017 Anne-Kerstin Busch, www.anne-kerstin-busch.com

Cover-Foto: **jill111 - Pixabay**

Porträt: **Rosel Grassmann**

Herstellung und Verlag:

BoD – Books on Demand, Norderstedt

ISBN: 978-3-743162297

Inhalt

Vorwort..................7

Einzigartigkeit – was ist das?..................10

Du bist einzigartig und wertvoll..................18

Dein Einzigartigkeits-Paket..................26

Hindernisse auf dem Weg zur Einzigartigkeit..................33

Ein Blick zurück in die Kindheit..................41

Deine Imaginationsfähigkeit als Einzigartigkeits-Finder..................48

Versteckte Träume als Wegweiser zur Einzigartigkeit..................55

Was tun, wenn die Einzigartigkeit in der Vielfalt liegt?..................62

Bringe auf den Punkt, was dich einzigartig macht!..................70

Wie aus deiner Einzigartigkeit ein Herzensbusiness wird..................80

Zeige dein Herzensbusiness der Welt..........96

Das Plus-Element: Immer wieder nachjustieren..................................113

Die Autorin.....................................122

Weitere Bücher der Autorin.........................123

Vorwort

Kennst du das auch? Diesen inneren Drang, herauszufinden, was dich wirklich ausmacht? Fragst du dich vielleicht auch des Öfteren, ob das Leben, was du gerade lebst, wirklich dein Traum ist? Vielleicht gehörst du aber auch zu denjenigen, die so viele Talente haben, dass sie vor lauter Bäumen den Wald, also ihren einzigartigen Kern, nicht sehen.

Was auch immer dich antreibt, dieses Buch zu lesen, ich kann dich nur beglückwünschen, denn offensichtlich möchtest du mehr über deine Einzigartigkeit erfahren, um sie zum Leben zu erwecken, um mehr daraus zu machen, vielleicht sogar beruflich.

„Berufung" sagt man manchmal auch dazu. Darin steckt das Wort „Ruf". Dem Ruf folgen. Doch wessen Ruf folgen wir eigentlich? Dem Ruf anderer Personen, dem Ruf der Eltern, der Lehrer, der Freunde? Oder ist es nicht etwas tief in uns, was uns drängt, genau das zu tun, wofür wir auf die Erde gekommen sind?

Dieses Buch schenkt dir zwölf Schlüssel zu deinen inneren Schätzen, zu den Schätzen, die dich unverwechselbar machen. Es sind zwölf kreative Übungen, die dir dabei helfen, deine Einzigartigkeit zu entdecken, auch wenn sie in der Vielfalt liegt. Du wirst das, was dich einzigartig macht, auf den Punkt bringen. Außerdem zeige ich dir einige Möglichkeiten, wie du aus deiner Einzigartigkeit ein Herzensbusiness entwickeln kannst.

Am besten ist es, wenn du dieses Buch als Arbeitsbuch siehst. Kaufe dir zusätzlich ein schönes Buch und einen Stift, mit dem du gerne schreibst. Beides hast du immer bei dir, wenn du mit dem Buch arbeitest. Schreibe deine Inspirationen, deine Ideen und die Erfahrungen, die du mit den Übungen machst, in dein Heft und mache es zu einem Einzigartigkeits-Tagebuch. Das Schreiben wird dir helfen, Klarheit darüber zu gewinnen, was du wirklich in deinem Leben erreichen willst.

Denke daran: Alles beginnt mit dem ersten Schritt. Den ersten Schritt hast du gemacht. Du hast dieses Buch gekauft. Jetzt liegt es an dir, es zu nutzen, damit du deinem Traum näherkommst. Dein Traum ist aus deiner Einzigartigkeit gewoben. Beide – Einzigartigkeit und Traum – hängen eng miteinander zusammen.

Ich wünsche dir alles Glück der Welt und dass du die Chance ergreifst, deinen Traum wirklich zu leben. Los geht's! Möge dieses Buch dein wertvoller Begleiter sein!

Deine

Anne-Kerstin

Einzigartigkeit – was ist das?

Vor einigen Jahren fing ich an, mich mit der Thematik „Einzigartigkeit" zu beschäftigen. Damals wurde der Begriff noch nicht so häufig verwendet wie in der letzten Zeit. Im Business-Bereich verwendet man auch heute noch eher die Begriffe „Alleinstellungsmerkmal" „Unique Selling Proposition (USP) oder Positionierung.

Einzigartigkeit geht für mich persönlich noch viel tiefer. Es schließt nämlich die spirituelle Seite mit ein, wie z. B. den Lebensplan, den wir mitbekommen haben, als wir uns dafür entschieden haben, hier in diese Welt zu kommen.

Deine Einzigartigkeit ist die Grundlage für dein Herzensbusiness. Das ist etwas, was dich erfüllt, was dich glücklich macht, wobei du dich ganz bei dir zu Hause fühlst. Aber es sollte auch etwas sein, was die Welt zu einem besseren Ort macht, was anderen einen Nutzen bringt. Manche nennen das übrigens auch Berufung. Man folgt einem inneren Ruf, dem Ruf der Seele oder der Intuition und lässt sich zur Berufung führen. Ein anderer Begriff ist „Lebensaufgabe". Du hast dafür ganz spezielle Talente und Vorlieben mit in dieses Leben gebracht, um dich auszudrücken, um Dinge zu entwickeln, um deine Einzigartigkeit zu leben.

Je mehr du deine Einzigartigkeit lebst, desto weniger hast du das Gefühl, dass du arbeiten musst. Du arbeitest, aber es ist etwas, was deinem Naturell entspricht. Du arbeitest nicht ausschließlich nur für Geld, sondern auch aus einem tiefen inneren Antrieb heraus.

Das klingt für dich zu hoch gegriffen? Vielleicht denkst du auch: „Ich und einzigartig? Also, ich halte mich nicht unbedingt für etwas Besonderes." Das ist ganz normal. Gerade Frauen sind da manchmal etwas zu bescheiden. Wie sieht es bei dir aus? Kannst du dir vorstellen, dass du ein einzigartiges Wesen bist?

In den vorangegangenen Sätzen hast du etwas über meine Definition von Einzigartigkeit erfahren. Jetzt blättern wir mal in der Online-Enzyklopädie Wikipedia. Was wird dort zum Thema „Einzigartigkeit" geschrieben?

Wikipedia definiert interessanter Weise den Begriff „Einzigartigkeit" gar nicht. Gebe ich dort in der Suchfunktion „Einzigartigkeit" ein, dann werde ich zur Erklärung des Begriffs „Unikat" weitergeleitet und hier schreibt Wikipedia u. a.:

„Unikat (lat. unus einer, ein einziger) bezeichnet die Einzigartigkeit eines Objektes, beispielsweise eines Schriftstücks, Gemäldes oder einer Fotografie, bzw. eines Lebewesens. Alle Lebewesen weisen einen genetischen Code auf, der in derselben Form, nie wieder auftreten wird."

Gerade der letzte Satz mit dem einzigartigen genetischen Code leuchtet da für mich auf. Ein Code, in dem alles gespeichert ist? Bei Fingerabdrücken kennen wir das ja schon. Sie sind ebenfalls ein Unikat, bzw. einzigartig.

Den Begriff „Genetischer Code", finde ich spannend. Wie geht es dir damit? Jetzt stell dir doch mal vor, es gäbe so etwas wie einen

„Einzigartigkeits-Code", etwas, das zu dir und deinem Wesen gehört und das dich schon aus der Ferne strahlen lässt.

Diesen genetischen Code kann man auch auf Unternehmen übertragen. Jedes Unternehmen hat etwas Besonderes, das es zu finden gilt. Denn das ist es auch, was dein Unternehmen erfolgreich machen kann, falls du selbstständig bist oder dich in der Existenzgründung befindest.

Dieses Buch soll dich dabei unterstützen, deinen „Einzigartigkeits-Code" zu knacken und daraus ein Herzensbusiness zu entwickeln.

Bist du noch neugieriger darauf geworden, dich näher mit deiner Einzigartigkeit zu beschäftigen? Hältst du es vielleicht doch nicht mehr für ausgeschlossen, dass an dem Thema „Einzigartigkeit" auch in deinem Fall etwas dran sein könnte? Dann lade ich dich zu einer Reise ein: Entdecke deine Einzigartigkeit, das, was dich von ganzem Herzen erfüllt und dich erfolgreich macht.

Vielleicht geht jahrelang alles gut. Du bist einigermaßen glücklich mit deinem Leben, doch dann kommt der Zeitpunkt, da möchtest du etwas verändern. Vielleicht hast du auch solche Gedanken wie: Wollte ich nicht mal mehr aus meinem Leben machen? Da war doch dieser Traum. Damals habe ich zurückgesteckt, weil es nicht anders ging. Aber jetzt könnte ich doch zeichnen, malen, tanzen, Mode entwerfen, Kochkurse leiten oder Häuser einrichten. Damals hast du vielleicht zu dir selbst gesagt: „Ja, wenn die Kinder größer sind, dann habe ich Zeit dafür." Du hast diesen Traum, mit dem du deine Einzigartigkeit ausdrücken wolltest, in die hinterste Schublade in deinem Inneren geschoben.

Doch eines Tages ist es so weit: Die Kinder sind aus dem Haus und leben ihr eigenes Leben. Deine tägliche Arbeit erfüllt dich vielleicht auch nicht mehr. Da meldet sich plötzlich diese Stimme in dir: „Wie sieht es denn jetzt aus?" „Bist du bereit?" „Erinnerst du dich noch an deinen Traum?"

Ach ja, richtig. Da war doch was? Ganz im hintersten Winkel deines Herzens liegt er vergraben, dieser ganz spezielle eine Traum, den du dir in deinem Leben erfüllen wolltest.

Gerade vielen Frauen in der Mitte des Lebens geht es so, dass sie sich fragen: „Und was mache ich mit dem Rest meines Lebens? Wie kann ich etwas tun, was mich erfüllt?" Oft findet man dann diese Erfüllung, indem man seinen Traum wieder ausgräbt und ihn zum Beruf macht.

Gut, wenn man auf diese Art und Weise auf das Anklopfen der Einzigartigkeit hört.

Manchmal geschieht in dieser Umbruchzeit in der Mitte des Lebens aber auch etwas im Außen: Partner trennen sich, evtl. verliert man seinen Job oder man wird krank. Das geschieht oft, wenn man nicht auf seine innere Stimme und das Anklopfen der Einzigartigkeit hört und einfach so weitermacht wie bisher, auch wenn der Zeitpunkt für eine Veränderung schon längst gekommen ist.

Nehmen wir mal an, du stehst genau an diesem Punkt und brennst darauf, deine Einzigartigkeit zu finden und diese beruflich umzusetzen, denn sonst hättest du dich vielleicht nicht für dieses Buch entschieden. Dann kann ich dir jetzt schon verraten, dass es eine spannende Reise wird, aber auch, dass es nie zu spät ist, diese Reise zu beginnen. Ich würde sogar sagen: „Besser spät als nie!" Vielleicht ist jetzt genau der richtige Zeitpunkt für dich gekommen, um dich auf den Weg zu machen.

Dann komm mit auf die Reise zu deiner Einzigartigkeit. Ich schenke dir 12 Schlüssel, die die Schatzkammern öffnen, in denen dein Einzigartigkeits-Code verborgen liegt.

Bist du bereit? Hier kommt Schlüssel Nr. 1.

Schlüssel Nr. 1: Was bedeutet Einzigartigkeit für dich?

Zutaten für diese Übung:

- 20-30 Minuten Zeit
- Ein Ort, wo du ungestört bist
- Stift und Papier

So geht's:

Setze dich bequem hin und schließe die Augen. Atme ein paarmal tief ein und aus. Mit jedem Ausatmen lässt du ein bisschen mehr

Anspannung los. Mit jedem Einatmen bewegst du dich mehr und mehr in dein Herz.

Stelle dir vor, du wirst dort von jemandem erwartet. Dein innerer Unterstützer oder deine innere Unterstützerin erwartet dich. Sie oder er hat einen goldenen Schlüssel in der Hand, an dem Edelsteine funkeln.

Du siehst, dass deine innere Unterstützerin/dein innerer Unterstützer vor einer Tür steht. Diese Tür führt in eine Schatzkammer in deinem Herzen, wo du etwas über deine Einzigartigkeit erfahren wirst.

Siehe dich in dem Raum um. Was nimmst du wahr? Welche Impulse hast du? Was siehst du? Was fühlst du? Was hörst du?

Wenn du genug Eindrücke gesammelt hast, dann komme langsam wieder in die Gegenwart zurück.

Nimm jetzt den Stift und das Papier und schreibe auf, was du erlebt hast. Fokussiere dich dabei auf die Frage: Was bedeutet „Einzigartigkeit" für mich?

Du bist einzigartig und wertvoll

Wie geht es dir, wenn du zu dir sagst „Ich bin einzigartig und wertvoll!" Was passiert dann in dir? Kannst du dem vorbehaltlos zustimmen oder fällt es dir schwer und es kommt gleich ein „Ja, aber…?"

Ich kenne das nur zu gut, dass es einem manchmal nicht so leichtfällt, die eigene Einzigartigkeit anzuerkennen und wertzuschätzen. Oft liegt es daran, wie wir in unserem Leben konditioniert wurden. Hat man dir in der Kindheit eher eingeredet, dass du ein Nichtsnutz bist, dass du etwas sowieso nicht schaffen würdest? Gerade, wenn Eltern oder nahe Verwandte dir als Kind gesagt haben, dass du nicht gut genug bist, dann hinterlässt das Spuren. Manchen Menschen, denen das passiert ist, fällt es dann im Erwachsenenalter schwer, sich selbst wertzuschätzen und die eigene Einzigartigkeit anzuerkennen.

In einem späteren Kapitel geht es noch mal um Stolpersteine auf dem Weg zur Einzigartigkeit, um das Bewusstmachen der inneren

Hindernisse, Muster oder Blockaden. Je nachdem, wie tief diese Blockaden liegen: Wenn du das Gefühl hast, du kommst alleine nicht weiter, dann rate ich dir, Hilfe zu holen in Form von Coachings oder auch einer Therapie. Heutzutage gibt es auch viele energetische Methoden und Menschen, die darin ausgebildet sind, um zu helfen, diese Blockaden sichtbar zu machen und aufzulösen.

In diesem Buch geht es darum, was du selbst für dich tun kannst, um deiner Einzigartigkeit zu begegnen und ein Herzensbusiness daraus zu machen. Der Schwerpunkt dieses Buches liegt nicht auf dem Lösen von Blockaden.

Vor einigen Jahren absolvierte ich selbst eine Coach-Ausbildung. Damals lag der Schwerpunkt wirklich noch auf dem Lösen von Blockaden. Wir arbeiteten immer daran, das „Übel bei der Wurzel zu packen" und tiefliegende Blockaden aufzulösen. Manchmal verbrachten wir sehr viel Zeit damit, und ich fühlte mich am Ende auch immer erleichtert. Es ist ein Denkansatz, das aufzulösen, was dem eigenen Fortkommen im Weg steht. Andere Denkansätze konzentrieren sich mehr auf das Positive. Da wiederholt man beispielsweise positive Affirmationen, wie beispielsweise „Ich bin einzigartig, wertvoll reich und gesund." Auch das kann etwas bewirken, wenn man konsequent dranbleibt. Allerdings wird es schwierig, wenn du zu viele alte Muster noch nicht aus dem Weg geräumt hast. Nach meiner Erfahrung ist diese Methode dann nicht so wirksam, weil du sofort ein inneres „Ja, aber…" hast. Dein Unterbewusstsein fängt an zu rotieren, weil es vielleicht noch die gegenläufige Datei enthält, die da z. B. heißt „Du schaffst sowie nichts." Diese beiden Programme heben sich dann gegenseitig auf. Oder im schlimmsten Fall verschlimmert sich das negative Muster noch.

Auf der anderen Seite gibt es heutzutage immer mehr Menschen, die jahrelang in die Tiefe geschaut und Muster gelöst haben, aber es hat sich nicht wirklich etwas in ihrem Leben getan. Da probiert man jahrelang alle möglichen Coachingformate aus, in der Hoffnung, dass der große Durchbruch endlich kommt. Doch man wartet vergeblich darauf.

Auch ich kenne das gut. Ich habe schon so vieles ausprobiert und gehofft, dass endlich der Durchbruch kommt und ich mit meiner Einzigartigkeit und meinem Herzensbusiness erfolgreich werde. Es ging auf jeden Fall immer voran, aber immer nur in kleineren Schritten.

Wie sieht es bei dir aus?

Ich würde dir empfehlen: Höre auf deine innere Stimme! Folge deiner Intuition! Du hörst etwas über ein neues Coachingformat, was du ausprobieren möchtest? Lass dir zeigen, ob es etwas für dich ist. Es empfiehlt sich, die Kommunikation mit der inneren Stimme zu trainieren. Als ich in den 90er-Jahren anfing mich mit den Themen „Intuition und Höheres Selbst" zu beschäftigen, nahm ich mein Höheres Selbst immer innerlich als leuchtende Sonne wahr. Wenn ich eine Entscheidung zu treffen hatte, dann schaute ich innerlich nach der leuchtenden Sonne und achtete auf mein Gefühl dabei. Spürte ich Liebe? Spürte ich, dass mein Herz weit wurde? Dann waren es damals und sind es heute auch noch Indizien dafür, dass ich Ja zu einer Sache sagen kann. Dennoch betrachte ich alles immer von mehreren Seiten. Dabei hilft mir besonders das Schreiben.

Schon mit 16 schrieb ich Tagebuch, aber seit den 90er-Jahren habe ich das Tagebuchschreiben noch mehr intensiviert. Ich kann dir nur raten: Probiere es selbst einmal aus. Schreiben halte ich für immens wichtig, wenn du dir deine Blockaden bewusst machen und deiner Einzigartigkeit auf die Spur kommen willst.

Was du alles mit dem Tagebuch machen kannst:
- Deine positiven Affirmationen aufschreiben.
- Über Dinge schreiben, die du ändern möchtest.
- Deine Talente notieren.
- Deine Träume aufschreiben.
- Ziele manifestieren.
- Ideen notieren.
- Deine Erfolge festhalten.

Ich habe zum Thema „Die großartige Wirkung des Tagebuchschreibens" ein kleines Video gemacht. Vielleicht magst du es dir anschauen: https://youtu.be/mazlnB3mFxY.

Schlüssel Nr. 2: Schreibe regelmäßig Tagebuch!

Zutaten für diese Übung:

- Ein schönes Notizbuch
- Ein Stift, mit dem du gerne schreibst

So geht's:

Fürs Tagebuchschreiben ist es wichtig, dass du deinen eigenen Weg findest. Schreibe immer, wenn du den inneren Impuls verspürst. Dein Tagebuch kann dadurch wie ein Logbuch auf der Reise zu deiner Einzigartigkeit sein.

Träume solltest du am besten immer gleich nach dem Aufwachen notieren. Du brauchst sie auch nicht gleich zu analysieren oder zu deuten. Wichtig ist nur, dass du sie erst einmal notiert hast, damit du sie nicht vergisst.

Auch sie können auf dem Weg zur Einzigartigkeit wichtig sein.

Für die bessere Übersicht solltest du deine Einträge kennzeichnen. Du kannst hierfür auch zusätzlich noch farbige Stifte verwenden. Schreibe folgendes über die Einträge:

Datum   Kategorie   (Traum/Erlebnis/Idee/Erfolg) Überschrift

Hier noch ein Beispiel von mir, dass ich wahrscheinlich nie vergessen werde: Die blauen Bücher

Vor ca. 20 Jahren hatte ich nachts einen Traum. Ich träumte, dass ich im Bett lag und lauter hellblaue, leuchtende Bücher auf mich herabfielen. Es waren Bücher aus Licht. Sie taten mir nicht weh, sondern machten mich richtig glücklich. Von diesem Zeitpunkt an wusste ich, dass Bücher mal eine große Rolle in meinem Leben spielen werden. Schon damals hatte ich den Traum Bücher zu schreiben und zu veröffentlichen. Und was mache ich heute? U. a. bin ich Buchautorin!

Natürlich schrieb ich diesen Traum gleich mitten in der Nacht auf. Das Gleiche rate ich dir für deine Träume, denn damit zeigst du ihnen auch, dass du dich für sie interessierst und du kannst später noch mal nachlesen, was du geträumt hast und eine Verbindung zu deiner Einzigartigkeit herstellen. Schreibst du deine Träume nicht gleich auf, auch wenn es mitten in der Nacht ist, dann besteht die Gefahr, dass du sie schnell vergisst. Du wachst morgens auf und denkst: Da war doch was… Leider kannst du dich gar nicht mehr oder nur noch vage erinnern.

Wenn du nachts nicht schreiben willst, dann erzähle deinen Traum doch der Diktierfunktion im Smartphone.

Du weißt jetzt, dass du einzigartig bist. Doch was macht deine Einzigartigkeit aus? Aus welchen Facetten besteht sie? Das schauen wir uns im nächsten Kapitel an, wo es um dein Einzigartigkeits-Paket geht.

Dein Einzigartigkeits-Paket

Hast du Vorlieben? Hast du Abneigungen? Gibt es Dinge, die dich schon immer fasziniert haben? Gibt es Dinge, die dir ganz leichtfallen?

Ich denke, dass es für jeden solche Dinge gibt. Sie können ein Hinweis auf das sein, was dich einzigartig macht. Meiner Ansicht nach hat jeder Mensch irgendetwas, was ihn einzigartig macht. Du auch!

In diesem Kapitel geht es um die Talente und Fähigkeiten. Vielleicht kennst du schon einige davon und hast auch schon etwas daraus gemacht, z. B. beruflich. Es kann aber sein, dass dir auch einige Talente noch gar nicht so bewusst sind oder du nicht daran glaubst, dass es etwas Einzigartiges ist, weil es so normal für dich ist und dir auch so leichtfällt.

Ich habe es selbst schon öfters erlebt, dass Menschen zu mir gesagt haben: Toll, was du kannst. Ich wünschte, ich könnte das auch." Ich denke dann immer: Das ist doch eigentlich gar nichts Besonderes, das kann doch sicher jeder. Doch so ist es meistens nicht. Natürlich habe ich auch schon andere für ihre Talente bewundert und sie sagten mir dasselbe: „Ach, das ist doch alles ganz einfach".

Ein Indiz für unsere Einzigartigkeit kann also sein, dass es etwas ganz Natürliches ist. Es fällt uns nicht besonders schwer, diese Fähigkeit auszuüben und darin erfolgreich zu sein. Ein weiteres Indiz kann sein, dass wir erfüllt sind, wenn wir diese Fähigkeit ausüben. Mir geht es z. B. so, wenn ich schreibe. Dann bin ich glücklich und fühle mich eins mit allem. Es ist, als wenn ich aus einem Zentrum heraus lebe und ganz bei mir selbst bin. Meistens, nicht immer, aber immer öfter, fließen die Worte dann.

Hast du dich schon mal gefragt, woher diese Talente und Fähigkeiten kommen? Wie sieht es z. B. mit sogenannten Wunderkindern aus, Menschen, die z. B. ein großes musikalisches Talent haben oder eine besondere sportliche Fähigkeit. Ich habe mich früher immer gefragt, woher das kommt. Schließlich werden wir doch alle geboren, werden erzogen, gehen zur Schule, üben einen Beruf aus, etc.

Könnten nicht alle Menschen gleich sein? Natürlich wäre die Welt dann langweilig. Gut, dass es so nicht ist! Aber dennoch muss das irgendwo herkommen, wenn jemand ein so großes Talent mit in dieses Leben bringt. Und es kann nicht einzig und alleine an der Erziehung und dem Umfeld liegen, wo man aufwächst. Eine Rolle spielt das bestimmt, doch ich glaube, es gibt noch einen weiteren, tieferliegenden Grund dafür. Könnte es dieser Einzigartigkeits-Code sein, der wie ein genetischer Code mitgeliefert wird, wenn man hier auf die Erde kommt? Oder was war der Grund dafür?

In den 90er-Jahren beschäftige ich mich sehr viel mit diesem Thema. Schon damals fragte ich mich, warum wurde der eine Mensch mit diesem oder jenem Talent oder dieser oder jener Schwäche geboren. Manche Menschen schienen einen guten Start ins Leben zu haben, andere wieder nicht. Manche Menschen haben einen schwierigen Start und schaffen es trotzdem bekannt und erfolgreich zu werden. Andere bleiben ihr ganzes Leben lang mittelmäßig und sind auch mit einem 08/15-Leben zufrieden. Das könnte man noch endlos fortsetzen.

Eines Tages las ich ein Buch über Reinkarnation. Ich wurde christlich erzogen und kannte bis dato nur den Glauben, dass wir alle ein einziges Leben haben, eine einzige Chance, um uns weiterzuentwickeln und wenn wir diese Chance verpassen, dann haben wir Pech gehabt.

Nachdem ich die halbe Nacht damit verbracht hatte, dieses Buch über Reinkarnation zu lesen, fiel es mir wie Schuppen von den Augen. Es war für mich die logische Erklärung, dass es einen unsterblichen Teil in uns gibt, der immer wieder hier auf die Erde in ein neues Leben kommt, wächst und lernt und dann wieder irgendwohin zurückkehrt, in eine nährstoffreichere Welt, bis wieder die Zeit gekommen ist, um in ein neues Leben zu kommen. In jedem Leben hat dieser Teil, den ich Seele nenne oder auch Höheres Selbst, auch die Chance, Fähigkeiten zu erwerben, die dann in einem späteren Leben nützlich sein können oder sich in den einzigartigen Talenten widerspiegeln können. Da hatte ich also meine Erklärung für die Talente von sogenannten Wunderkindern.

Aber auch du kannst schauen, ob du den Gedanken an Reinkarnation annehmen kannst und möchtest. Dann kannst du dir vorstellen, dass du deine Talente irgendwann schon mal erworben hast und sie jetzt nutzen kannst. Das kann auch der Grund dafür sein, dass dir eine Sache sehr leicht fällt, während jemand anders stöhnt, wenn er das tun muss, was deine besondere Fähigkeit ist.

Schlüssel Nr. 3: Dein Talente-Rucksack

Zutaten für diese Übung:

- Ein ruhiges Fleckchen Erde
- 20-30 Minuten deiner Zeit
- Dein Tagebuch
- Dein Stift

So geht's:

Setze dich bequem hin. Atme ein paarmal tief ein und aus. Mit jedem Ausatmen lässt du deine Anspannung los. Mit jedem Einatmen begibst du dich mehr in dein Herz. Stell dir vor, dort ist ein Einzigartigkeit-Raum, ein Raum, in dem du alles über deine Einzigartigkeit findest.

Als du diesen Raum jetzt betrittst, siehst du dort einen Rucksack stehen. Es ist der Rucksack, den du mitbekommen hast, als du in dieses Leben gekommen bist. Er enthält eine Karte zu deinen einzigartigen Schätzen und Talenten.

Schau dir den Rucksack an: Wie sieht er aus? Spüre, wie er sich anfühlt. Dann öffne ihn und schaue, was du darin findest. Achte auf die Impulse, die dir innerlich kommen, während du dir den Inhalt deines Rucksacks anschaust.

Kehre nach einiger Zeit wieder in den Raum zurück, in dem du dich befindest. Nimm dein Tagebuch und deinen Stift und schreibe auf, was du erlebt hast. Welche Talente und Fähigkeiten sind dir in den Sinn gekommen, als du in dem Rucksack in deinem Herzraum gestöbert hast? Schreibe alles auf, ohne es zu zensieren. Es kann passieren, dass der Verstand dir sagt: wie, das soll ein Talent sein?

Oder: Das soll ich können? Schreibe trotzdem auf, was du für Impulse in deinem Herzraum bekommen hast. Bedanke dich innerlich bei dir für diese Impulse, aber auch für deine Talente, die du in dieses Leben mitgebracht hast.

Hindernisse auf dem Weg zur Einzigartigkeit

In diesem Kapitel unserer Reise zur Einzigartigkeit machen wir einen kleinen Abstecher in das Thema „Selbstsabotage & Co." Ich hatte ja schon am Anfang geschrieben, dass wir uns in diesem Buch auch diesem Thema noch einmal ausführlicher widmen.

Was glaubst du wohl, wie es einem Menschen später geht, der als Kind ständig gesagt bekommt: „Pass auf, das kannst du nicht." Lass es doch lieber gleich." Ja, solche Aussagen, besonders von Eltern und später auch von Lehrern, prägen uns. Da muss man schon ziemlich stark sein, wenn man Selbstvertrauen aufbauen will. Und Selbstvertrauen ist gerade eine wichtige Zutat, wenn wir unsere Einzigartigkeit finden und leben wollen.

Neben dem Programm „Ich kann das ja sowieso nicht", was man dann meistens abspeichert, wenn man als Kind wenig Anerkennung bekommen hat, gibt es noch ein paar andere „nette" Sabotage-Programme, die man im Laufe seines Lebens so entwickelt.

Es ist wichtig, sich diese Programme bewusst zu machen und sie gegebenenfalls in Coachings zu bearbeiten und durch hilfreicher Programme zu ersetzen.

Eine Auswahl dieser Programme möchte ich hier gerne erwähnen. Du kannst bei jedem Programm spüren, ob du eine Resonanz darauf hast. Vielleicht geht es dir ja so, dass du bei manchen Programmen gar nichts spürst, aber bei anderen Programmen sagst: „Ja, das bin ich. Das habe ich mein Leben lang so gemacht. Dann solltest du schauen, wie du das am besten loslassen kannst und ob und welche Unterstützung dir dafür holst. Vielleicht reicht es ja auch schon, dass du dir das bewusst machst.

Du zweifelst an dir selbst

Du hängst sehr oft solchen Gedanken nach wie: Ich bin nicht gut genug, ich schaffe sowieso nicht, was ich mir vorgenommen habe. Andere sind besser. Ich bin klein und unbedeutend. Wer will schon ausgerechnet meine

Produkte und Dienstleistungen kaufen? Ich habe nicht genug Energie. Vielleicht höre ich besser gleich auf, bevor ich angefangen habe.

Wenn du bei diesen Aussagen ein paar Mal mit „Ja, das kenne ich nur zu gut", geantwortet hast, dann gehörst du zu den Menschen, die gerne an sich selbst zweifeln.

Du bist eine Marionette deiner unbewussten Muster und Glaubenssätze

Vielleicht hast du vor längerer Zeit einen Beschluss gefasst, der wie ein Computerprogramm noch in deinem Unterbewusstsein wirkt, den du aber längst vergessen hast. Oder man hat dir z. B. in der Kindheit, Dinge beigebracht, die sich als Glaubenssätze fest eingeprägt haben. Das kann z. B. so etwas sein wie: „Nie wieder will ich einen Partner haben" (ein Beschluss, den man fasst, wenn man enttäuscht wurde).

Natürlich gibt es auch tiefer liegende Glaubenssätze, Beschlüsse, etc., als die oben genannten Beispiele. Sie alle haben aber etwas gemeinsam: Sie hindern dich daran, dein volles Potenzial zu leben, solange sie im Unterbewusstsein wie ein Computerprogramm aktiv sind.

Du nimmst für bare Münze, was andere Menschen dir erzählen

Wahrscheinlich kennst du das auch: In einem Fernsehbericht oder einem Buch wird gesagt, man solle unbedingt etwas Bestimmtes tun, um erfolgreich zu sein oder gesund zu bleiben. Oder dein Partner oder eine Freundin kommen und sagen dir, was nach Ihrer Meinung der einzig richtige Weg in deiner Situation ist, den man gehen kann.

In deinem Herzen spürst du vielleicht, dass du die Dinge lieber anders handhaben möchtest, aber aus Angst, etwas falsch zu machen und aus mangelndem Selbstvertrauen, folgst du lieber den Ratschlägen anderer und wunderst dich dann, wenn das dein Problem auch nicht löst.

Du tust etwas, nur damit du Anerkennung bekommst

Ist es dir immer bewusst, warum du die Dinge tust, die du gerade machst? Manchmal macht man etwas nur, weil man Anerkennung von anderen haben möchte. Anerkennung, die man sich selbst nicht geben kann. Deshalb fordert man diese dann im Außen ein.

Manche Menschen nutzen das aus und überhäufen einen mit Aufgaben, die sie besser selbst erledigen sollten. Wenn du in solchen Momenten Ja sagst, dann bekommst du vielleicht die Anerkennung, die du gerne hättest (obwohl das auch nicht immer sicher ist), aber du fühlst dich innerlich unerfüllt, weil du nur funktionierst, statt auf dein Herz zu hören.

Du lobst dich selbst zu wenig und kritisierst lieber

„Das ist nicht gut genug und jene Entscheidung war auch falsch. Hätte ich es doch nur gleich anders gemacht." Wenn du öfters solche Selbstgespräche führst, dann ist das ein Zeichen dafür, dass du dich zu viel kritisierst. Du bist „verliebt" in die Selbstkritik und denkst zu viel über die Dinge nach, die dir noch nicht so gut gelingen. Stattdessen solltest du dir bewusst machen, was du schon alles geschafft hast, und dich für diese kleinen und großen Erfolge loben.

Du fokussierst dich nicht auf die wesentlichen Dinge in deinem Leben

Die Ablenkung ist groß, hier noch eine Fernsehsendung ansehen, dort noch ein Buch lesen oder lieber einen Stadtbummel machen oder eine Veranstaltung besuchen. Auch soziale Medien sind ein großer Zeitfresser. Das weiß ich aus eigener Erfahrung. Mit all den Ablenkungsmanövern geht ein Tag schnell vorbei und es kann passieren, dass du wieder nichts dafür getan hast, deine Einzigartigkeit zu leben.

Es gibt auch Zeiten, da ist man einfach zu träge, um sich hinzusetzen und die Disziplin walten zu lassen, die man braucht, um wichtige Projekte voranzubringen. Kein Wunder, wenn du dann abends entmutigt ins Bett gehst, weil du für das, was dir wirklich wichtig ist, wieder nichts getan hast, weil es zu viele andere „wichtige" Dinge gab, denen du den Vorrang gegeben hast.

Diese Liste könnte man sicher noch durch einige Punkte ergänzen. Doch ich finde, wir wollen uns mit den Blockaden hier in diesem Buch nicht zu sehr aufhalten. Wenn du spürst, dass dich auf deiner Reise zur Einzigartigkeit immer weder Blockaden behindern, dann suche dir einen Coach oder Therapeuten deines Vertrauens, mit dem du diese Stolpersteine auf deinem Weg auflöst oder probiere die folgende Lockerungsübung aus:

Schlüssel Nr. 4: Sich von altem Ballast verabschieden

Zutaten für diese Übung:

- 20 bis 30 Minuten deiner Zeit
- Ein bequemes Fleckchen Erde
- Dein Tagebuch
- Ein Stift

So geht's:

Nimm eines der Programme, die ich oben beschrieben habe, wo du eine Resonanz verspürst oder dich wiedererkennst. Stell dir vor, du hast einen großen goldenen Luftballon. Du nimmst dieses Programm symbolisch mit beiden Händen und legst es in diesen Luftballon und auch die Gefühle dazu, die dir bewusst werden. Dann stellst du dir vor, du lässt den Luftballon zusammen mit seinem „Inhalt" in Richtung Sonne fliegen, in der Gewissheit, dass die Strahlen der Sonne dieses Programm jetzt transformieren werden.

Verschwende anschließend keinen weiteren Gedanken mehr an die Programme, sondern wende dich wieder deiner Reise zur Einzigartigkeit zu.

Ein Blick zurück in die Kindheit

In diesem Buch schauen wir uns die Einzigartigkeit aus mehreren Blickwinkeln an, bzw. wir nähern uns ihr aus unterschiedlichen Richtungen. In diesem Kapitel geht es darum, dass du eine kleine Zeitreise zurück in deine Kindheit machst.

Ich halte das für wichtig, weil wir in der Kindheit oft ganz kreative Sachen gemacht haben, die wir als Erwachsene vergessen haben.

Wir kommen zur Schule und der sogenannte „Ernst des Lebens" beginnt. Wir werden dahingehend konditioniert, dass wir uns an die zukünftige Arbeitswelt anpassen können. Wir müssen teilweise Wissen in uns hineinstopfen, was wir später nicht immer brauchen. Der erste Leistungsdruck kommt. Wir verlieren unsere kindliche Unschuld.

Später entscheiden wir uns dann vielleicht für ein Studium oder eine Ausbildung und danach geht es für die meisten in einen „9-to-5-Job". Man sitzt den ganzen Tag im Büro oder steht in einem Laden und ist abends müde und kann das Wochenende kaum erwarten. Dann beginnt nicht immer die Freizeit, die Familie fordert einen, der Haushalt, etc.

So geht es viele Jahre lang und so manch einer kann es kaum erwarten, endlich in Rente zu gehen, damit er endlich frei ist. Doch dann ist man leider auch nicht mehr so jung und unbeschwert. Das Leben hat einen mit seinen großen und kleinen Herausforderungen geschliffen und das wirkt sich oft auch auf den Körper aus. Man ist jetzt vorsichtiger, riskiert weniger, als vielleicht in der Jugend. Man ermüdet auch schneller.

Vielleicht gehörst du zu den Glücklichen, die nicht bis zur Rente warten, um ihre Einzigartigkeit zu leben. Dann gratuliere ich dir. Ich sage zwar auch immer: Besser spät als nie!" Aber je eher du dich mit deiner Einzigartigkeit beschäftigst, desto besser. Ich kann nur sagen, es lohnt sich! Mich jedenfalls erfüllt jeder Moment, den ich meine Einzigartigkeit leben und sogar Geld damit verdienen darf.

Doch nun zurück zur Frage, warum du dich in die Kindheit zurückversetzen solltest. Einmal kann es wirklich sein, dass du damals Dinge gemacht hast, die mit deiner Einzigartigkeit zu tun haben, Dinge, die dir leicht gefallen sind. Auf der anderen Seite hast du vielleicht auch viel Kreativität entwickelt und warst unbeschwert und spielerisch.

Die Kindheit kann dir also ebenfalls Aufschluss darüber geben, was deine Einzigartigkeit ist, bzw. welche Talente dazu gehören. Außerdem kann die Reise in die Kindheit versteckte kreative Potenziale freisetzen. Wenn du dir mal erlaubst, ohne Leistungsdruck und ohne Erwartungshaltung kreativ zu sein, spielerisch zu sein, dann wirst du staunen, wie spielerisch und voller kreativer Freude du noch heute sein kannst.

Julia Cameron empfiehlt in ihrem Buch *Der Weg des Künstlers* sogar, einmal in der Woche einen Kreativtag einzulegen. Der Weg des Künstlers ist eines meiner absoluten Lieblingsbücher. Wenn du es noch nicht hast, dann solltest du es dir unbedingt zulegen, sofern du gerne kreativ bist.

Geht es dir vielleicht auch so, dass du gerne kreativ sein möchtest, mal träumen möchtest, mal spielerisch unterwegs sein möchtest, aber dein straffer Tagesplan dich davon abhält? Als es mir vor einigen Jahren so ging, sprach ich mit einem guten Freund darüber. Er gab mir den Tipp, einen Tag zum Kreativsein einzurichten und diesen auch im Kalender als festen Termin einzutragen. Mir tut es immer wieder gut, wenn ich von meinem Smartphone-Kalender daran erinnert werde, dass dies mein Tag ist, an dem ich mir Zeit für mich und meine Kreativität nehme. Auch wenn ich nicht den ganzen Tag für meine spielerische Kreativität verwende, so achte ich doch darauf, dass es wenigstens immer ein paar Stunden sind. Und sollte ich an dem festgelegten Tag, der bei mir der Sonntag ist, nicht können, dann nehme ich einen anderen Tag als Tag für die Entfaltung meines kreativen Potenzials.

Wenn bei dir aus familiären oder anderen Gründen kein ganzer Tag dafür möglich ist, dann trage dir doch eine feste Kreativzeit ein, z. B. zwei bis drei Stunden pro Woche. Schau, dass du diese Zeit wirklich für deine Träume und deine Kreativität reservierst.

Selbst, wenn es einmal im Monat ist, Hauptsache du verschaffst dir Zeit für dich, deine Träume und deine Kreativität. Es wird dir dabei helfen, deine Einzigartigkeit zu entdecken und zu fördern.

In der folgenden zweigeteilten Übung kannst du dich wieder an dein kreatives inneres Kind anschließen, das spielerische Kind, das du einmal warst, bevor du mehr und mehr konditioniert wurdest und darauf vorbereitet wurdest im Arbeits- und Familienleben einfach nur zu funktionieren.

Schlüssel Nr. 5: Das spielerische Kind in dir

Erster Teil: Die Reise zurück in die Kindheit

Zutaten für diese Übung:

- 20-30 Minuten von deiner Zeit
- Ein ruhiges Fleckchen Erde
- Dein Tagebuch
- Ein Stift

So geht's:

Schließe die Augen und atme ein paarmal tief ein und aus. Stell dir vor, ein Fantasiegefährt wartet auf dich, um dich an einen Ort in deine Kindheit zu bringen, wo du glücklich warst und gespielt hast.

Schau dir das Fantasiegefährt an: Wie sieht es aus? Wie hört es sich an? Was fühlst du, wenn du es besteigst.

Steige an dem Ort aus, wo es dich hinbringt und beobachte die spielenden Kinder dort, beobachte dich selbst als Kind beim Spiel. Was tust du? Was waren deine Lieblingsspiele?

Steige nach einer Weile wieder in dein Reisegefährt und lass dich in die Gegenwart bringen.

Notiere, was du erlebt hast. Schaue dir deine Spiele von damals unter dem Aspekt der Einzigartigkeit an. Was war das Besondere daran? Was konntest nur du? Wobei hast du deinen Freunden oder Freundinnen geholfen?

Zweiter Teil: Mach eine kreative Auszeit!

Zutaten für diese Übung:

Nimm das, was du brauchst. Wenn du malen willst, dann besorge dir Papier und Farben. Wenn du schreiben willst, dann besorge dir vielleicht einen schönen Stift und lege dein Tagebuch bereit.

So geht's:

Nimm dir eine Stunde Zeit und tue das, was dir Spaß macht. Sei kreativ und spielerisch. Achte nicht darauf, ob das, was entsteht, perfekt ist, sondern stelle den Spaß und die Freude in den Vordergrund. Vielleicht hast du ja sogar etwas aus deiner Kindheit, was du gerne mal wieder machen möchtest. Ich habe mir z. B. als Kind gerne Geschichten ausgedacht und diese gespielt oder aufgeschrieben. Was sind deine Geschichten? Was sind deine Ideen?

Schreibe abschließend in dein Tagebuch etwas darüber, was diese zweiteilige Übung dir gebracht hat. Welche Erkenntnisse über deine Einzigartigkeit sind dir gekommen?

Deine Imaginationsfähigkeit als Einzigartigkeits-Finder

Eine weitere Möglichkeit, der Einzigartigkeit auf die Spur zu kommen, ist deine Vorstellungskraft oder Imaginationsfähigkeit. Allerdings ist es wichtig sie richtig anzuwenden. Sicher kennst du das auch: Im Alltag werden wir von so vielen Sinneseindrücken überhäuft. Oft sind sie negativ. Da reicht es manchmal schon, sich die Nachrichten nur in einem Online-Portal oder einer App anzuschauen. Ich jedenfalls kenne das gut, dass ich sofort Bilder im Kopf habe, die vor meinem geistigen Auge aufsteigen, natürlich negative Bilder, was alles passieren könnte. Dann dauert es nicht lange und die Angst kommt.

Diese Art von Vorstellungskraft meine ich nicht. Sie geschieht ganz von selbst, und es kostet manchmal viel Energie, diese negativen Bilder auch wieder loszulassen. Deshalb rate ich dir, möglichst wenig Nachrichten anzuschauen oder Filme, die dich innerlich belasten. Dann bist du leichter dafür frei, dir im

Inneren das zu kreieren, was wirklich dein Traum ist.

Sollte es doch mal passieren, dass du innerlich negative Bilder kreiert hast, dann kannst du schauen, ob es mit der Übung aus dem Kapitel „Hindernisse auf dem Weg zur Einzigartigkeit" klappt, diese Bilder loszulassen.

Bei der Vorstellungskraft geht es aber nicht nur um die Vorstellung, um die Bilder, die wir kreieren, sondern es geht auch um das Gefühl, das dabei entsteht. Gerade, wenn du dir etwas Neues manifestieren möchtest oder deiner Einzigartigkeit näherkommen möchtest, solltest du ein gutes Gefühl dabeihaben. Du solltest dich glücklich und erfüllt fühlen, während du dir z. B. einen Traumtag in deinem Leben vorstellst.

Vielleicht fragst du dich gerade, was der Traumtag überhaupt mit deiner Einzigartigkeit zu tun hat. Ist es nicht mehr das, was deinen Wünschen entspricht?

Die Verbindung zur Einzigartigkeit ist ganz einfach, das wirst du erleben, wenn du die Übung durchführst. Jetzt nur so viel: Es geht darum, was in deinem Herzen ist, nicht was andere meinen, was dein Traum sein sollte! Es geht auch nicht in erster Linie um materielle Dinge, obwohl diese natürlich auch eine Rolle dabei spielen können, sondern es geht primär um das, was dich tief in deinem Herzen glücklich macht.

Für mich hängen Einzigartigkeit und Glücksgefühl zusammen. Bisher habe ich es immer erlebt, wenn ich das tue, worin ich einzigartig bin, dann bin ich glücklich. Ich befinde mich manchmal sogar außerhalb von Zeit und Raum und vergesse alles um mich herum. Meistens geht das, was ich dann gerade tue, ganz leicht von der Hand. Dann bin ich ganz einfach im Flow.

Genau diese Art von Vorstellungskraft meine ich: Stell dir das vor, was dich erfüllt und in den Flow bringt!

Vielleicht sagst du jetzt: Ich weiß noch nicht so richtig, was das ist. Gerade für Menschen, die sehr viele Talente, Fähigkeiten und Ideen haben, ist es nicht immer so einfach, herauszufinden, was es wirklich ist.

Ich empfehle dir dann, das mal zu testen. Mach die Übung, die ich dir gleich als Schlüssel Nr. 6 auf dem Weg zu deiner Einzigartigkeit gebe, und probiere verschiedene Varianten aus. Natürlich nicht gleich hintereinander. Lass dir Zeit dafür, nimm dir mehrere Tage Zeit! Frage dich dann am Ende der Übung, wie du dich dabei gefühlt hast. Du kannst dir z. B. deine eigene Flow-Gefühl-Skala kreieren und dich fragen: Hatte ich eher eine 10 (großes Flowgefühl), eine 5 (mittleres Flowgefühl) oder sogar nur eine 1 (das wäre ein geringes Flowgefühl)?

Wichtig ist, dass du bei dieser Übung wirklich fühlst und nicht einfach nur denkst. Spüre in deinen Herzraum hinein, denn dort findest du die Antworten!

Die Gefahr ist nämlich, dass dein Verstand dir sonst sehr schnell sagt, dass das doch alles unwahrscheinlich ist und sowieso nicht funktioniert. Ich habe es selbst beobachtet, dass er gerne so reagiert, wenn man neue Dinge entwickeln möchte, die nicht dem entsprechen, was wir schon kennen, weil wir so konditioniert wurden.

Versteh mich bitte nicht falsch! Der Verstand ist ein wertvolles Werkzeug, das du auf deiner Reise zur Einzigartigkeit auch zum richtigen Zeitpunkt nutzen wirst. Ich persönlich halte es aber für wichtig, es sich zunächst einmal zu erlauben, nach innen zu schauen, die Einzigartigkeit ist, statt das, was da kommt, vielleicht schon wieder klein zu machen oder sogar als unwahrscheinlich abzutun.

Schlüssel Nr. 6: Kreiere dir deinen Traumtag

Diese Übung besteht aus drei Teilen, die aber alle zusammengehören und die du nacheinander in dieser Reihenfolge ausführen solltest. Wichtig ist dabei nicht nur, was du siehst, sondern auch, was du fühlst.

Zutaten für diese Übung

- 45 bis 60 Minuten Zeit
- Ein ruhiges Fleckchen Erde
- Dein Tagebuch
- Ein Stift

Teil 1: Geh in deinen Herzraum

Atme ein paarmal tief ein und aus. Mit jedem Ausatmen lässt du deine Anspannung und deine Sorgen los. Mit jedem Einatmen gehst du tiefer in dein Herzzentrum hinein.

Stell dir vor, dort ist eine Truhe mit Filmrollen. Nimm die Rolle, auf der steht: „Mein Traumtag". Wenn du magst, dann bitte deinen Schutzengel, deinen Geistführer, deine Geistführerin, dich zu begleiten, während ihr in einen anderen Raum geht. Dort ist Kino. Der Filmvorführer wartet schon darauf, dir den Film zeigen zu können, der dir zeigt, wie dein Traumleben aussieht.

Betrachte den Film: Was machst du? Mit wem bist du zusammen? Wie sieht es dort aus? Und vor allem: Was fühlst du dabei?

Teil 2: Schreib auf, was du erlebt hast

Komme nach einer Weile zurück in den Raum, in dem du dich befindest. Notiere möglichst präzise in deinem Tagebuch, was du erlebt hast und wie du dich gefühlt hast.

Teil 3: Teste mit der Flow-Gefühl-Skala

Schau dir das, was du aufgeschrieben hast, noch mal an. Bei welchen Tätigkeiten, bzw. in welchen Situationen war dein Flow-Gefühl am stärksten? Bei welchen Tätigkeiten war es weniger stark. Markiere dir das, wo du das größte Flow-Gefühl und die größte Erfüllung gespürt hast.

Versteckte Träume als Wegweiser zur Einzigartigkeit

Vielleicht fragst du dich schon seit dem letzten Kapitel, was der Traumtag wohl mit dem Thema „Einzigartigkeit" zu tun hat. Schließlich ist das ja nur das, was du dir erträumst. Vielleicht sagst du dir, es sind ja nur meine geheimen Sehnsüchte und Wünsche, die ich an meinem Traumtag erleben möchte, aber es ist doch nicht meine Einzigartigkeit.

Ich behaupte: Deine Träume haben sehr wohl mit deiner Einzigartigkeit zu tun. Warum ich das meine, erzähle ich dir gleich.

Gehen wir noch mal an den Anfang dieses Buches zurück, wo ich darüber geschrieben habe, dass jeder Mensch einen einzigartigen Fingerabdruck hat. Jeder Mensch hat einzigartige Talente und Fähigkeiten. Aber auch – und jetzt kommt es – einzigartige Vorlieben.

Während der eine sich vielleicht wünscht, Paragliding zu lernen, geht jemand anders lieber schwimmen. Eine andere Person hat mit Sport überhaupt nicht viel am Hut und sitzt lieber am PC und schreibt Blogartikel. Vielleicht träumt diese Person ja auch davon, endlich ihr erstes eigenes Buch herauszubringen, während andere heimlich von einer Teilnahme an der Olympiade träumen. Menschen haben unterschiedliche Sehnsüchte oder Träume, weil sie so einzigartig sind.

Manchmal offenbaren sich diese Träume gar nicht gleich. Vielleicht hat man nicht den Mut, das zu tun, was man wirklich gerne tun würde, sondern macht etwas, was ähnlich ist, aber längst nicht so viel Mut erfordert.

Mir selbst ist es so gegangen. Seit vielen Jahren treibe ich mich am liebsten in Buchhandlungen herum und gehe meistens mit vollen Taschen wieder nach Hause. Ebenso bestelle ich meine Bücher gerne bei einem großen Online-Händler. Das Erste, was in meiner Wohnung ins Auge fällt, sind die vielen Bücher, die sich da mittlerweile angesammelt haben.

Natürlich lese ich auch gerne, vor allem Ratgeber. Aber kaufe ich die Bücher wirklich nur, weil ich gerne lese?

Natürlich könnte mein Traum theoretisch auch sein, eine Buchhandlung zu eröffnen oder einen Verlag zu gründen. Eine Zeitlang habe ich wirklich mal gedacht, ich würde einen Verlag gründen, habe diesen Gedanken dann aber wieder verworfen. Auch eine eigene Buchhandlung kam nicht in Frage.

Jetzt hätte ich mein Leben lang so weitermachen können, immer wieder neue Bücher kaufen und mir keine großen Gedanken darüber machen, warum es unbedingt Bücher sein müssen und nicht z. B. Klamotten. Ich wollte es aber wissen.

Also machte ich die Übung aus dem vorangegangenen Kapitel. Immer, wenn ich sie machte, saß ich am Schreibtisch und schrieb ein Buch.

Dadurch wurde mir bewusst, dass mein wirklicher Traum das Schreiben und Veröffentlichen von Büchern ist. Seit den 90er-Jahren bewege ich diesen Traum in meinem Herzen. Mittlerweile bin ich natürlich dankbar dafür, dass ich heutzutage Bücher schreiben und veröffentlichen kann, ohne mir einen Verlag suchen zu müssen oder selbst einen gründen zu müssen. In den 90er-Jahren war das noch anders. Ich schrieb auch schon damals einiges, aber eben nur für die Schublade, weil mir eine geeignete Möglichkeit der Veröffentlichung fehlte, bei der ich mir selbst und meinem Stil treu bleiben konnte.

Dank der Übung „Mein Traumtag" ist mir also der Wunsch Autorin zu sein, Bücher zu schreiben und zu veröffentlichen bewusst geworden.

Vielleicht hast du ja auch solche versteckten Träume. Es kann natürlich auch sein, dass dir diese durch die Übung mit dem Traumtag nicht gleich beim ersten Mal bewusst werden. Manchmal kommen einem am Anfang nur die Dinge in den Sinn, die meist schon offensichtlich sind. Erst wenn man die Übung ein paarmal macht, zeigen sich die tieferliegenden Dinge, weil man immer mutiger wird und auch das „zulässt", was der Verstand gerne als unmöglich ablehnt.

Deshalb sollte man diese Übung auch ruhig öfter machen, wann immer man den inneren Impuls dazu verspürt.

Doch nun zurück zu den versteckten Träumen, also zu den Dingen, die gar nicht so offensichtlich sind, die man aber indirekt auslebt, so wie ich mit meinen Büchern.

Wie sieht es da bei dir aus? Gibt es etwas, was du oft und regelmäßig machst? Etwas, das dich kurzzeitig erfüllt, aber dir dennoch nicht die tiefe Erfüllung bringt, die du gerne hättest. Oft ist es jedenfalls so, dass die Dinge, die wir stellvertretend für das tun, was wir eigentlich gerne tun würden, uns nicht so sehr erfüllen, wie das, was wirklich unserer Einzigartigkeit entspricht.

Damit es dir leichter fällt, dir das bewusst zu machen, habe ich hier einen weiteren Einzigartigkeits-Schlüssel für dich.

Schlüssel Nr. 7: Beobachte dich eine Woche lang selbst

Zutaten für diese Übung:

- Zeit, um über den Tag zu reflektieren
- Tagebuch
- Stift

So geht's:

Nimm bewusst wahr, was du den Tag über tust und wie du dich dabei fühlst. Frage dich: Erfüllt mich diese Tätigkeit?

Setze dich abends hin und stelle dir vor, du siehst den vergangenen Tag noch mal als Film. Was leuchtet da für dich auf?

Schreibe auf, was dich besonders erfüllt hat, was dir Freude bereitet hat, denn Freude kann auch ein Indiz dafür sein, dass man seiner Einzigartigkeit auf der Spur ist.

Am Ende der Woche schaue, ob es etwas gibt, was dich besonders erfüllt hat. Gibt es etwas, das du öfters gemacht hast, weil du es gerne tust?

Du kannst dich auch gerne mal einen Monat lang beobachten. Um bei meinem Beispiel mit den Büchern zu bleiben: Ich kaufe sicher nicht jeden Tag Bücher, vielleicht auch nicht an mehreren Tagen in der Woche, aber mehrmals im Monat schon. Manchmal fällt es leichter, die versteckten Träume zu erkennen, wenn man sich mal länger beobachtet als nur eine Woche lang.

Es kann auch passieren, dass die versteckten Träume so natürlich sind, dass wir sie gar nicht als Träume wahrnehmen. Hier noch ein Beispiel. Vielleicht ist des für dich selbstverständlich, dich mit alternativer Medizin zu befassen. Du liest jeder Zeitschrift, die du darüber in die Finger bekommst, kaufst dir Bücher über Homöopathie und Schüsslersalze und wendest diese auch an. All dies erfüllt dich so sehr, dass du deiner Nachbarin und deinen Freundinnen ganz begeistert davon erzählst. Neulich hast du schon dem Hund von deiner Nachbarin mit dem richtigen homöopathischen Mittel geholfen.

Trotzdem kommst du vielleicht nicht gleich auf die Idee, deshalb eine Heilpraktiker-Ausbildung zu machen, weil die Beschäftigung mit diesen Themen für dich so natürlich ist. Es ist wirklich wertvoll, sich diese versteckten Träume mal anzuschauen. Die Dinge, die wir im alltäglichen Leben auf natürliche Weise tun, sind oft ein Hinweis darauf, wo unsere einzigartigen Talente liegen.

Was tun, wenn die Einzigartigkeit in der Vielfalt liegt?

Kennst du das auch? Du hast so viele Dinge, für die du dich interessierst, dass du gar nicht so richtig weißt, was deine Einzigartigkeit ist?

Mir ist es jedenfalls so gegangen. Ich liebe es, Ratgebertexte oder Geschichten zu schreiben. Außerdem habe ich auch noch ein Talent fürs Fotografieren von Natur und Licht. Dann berate ich Menschen noch sehr gerne und entwickle Online-Kurse. Ich interessiere mich für natürliche Heilweisen, Qigong und vieles mehr. Außerdem faszinieren mich Bücher, das Internet-Social Media und Blogs.

Barbara Sher prägte den Begriff „Scanner" für solche Menschen. Menschen, die so viele Talente, Fähigkeiten und Interessen haben, dass sie nicht wissen, was ihre Einzigartigkeit nun wirklich ist. Wenn es dir so geht, dann wundere dich nicht, denn du bist in guter Gesellschaft. Es gibt immer mehr Menschen, denen bewusst wird, dass ihre Einzigartigkeit viele Facetten hat.

Als ich das vor ein paar Jahren las, war ich richtig erleichtert. Ich hatte auch jahrelang versucht, meine Einzigartigkeit zu formulieren, aber es fühlte sich immer nicht richtig an. Manchmal beneidete ich die Menschen richtig, wenn sie ein Spezialgebiet hatten: Die Krimi-Autorin, die Liebesroman-Autorin, der Schreib-Coach, die Rhetorik-Trainerin. Wie gerne hätte ich auch nur eine Einzigartigkeit gehabt, die sich mit wenigen Worten beschreiben lässt.

Wenn es dir also auch so geht, dann hast du mein vollstes Verständnis. Vielleicht möchtest du deine Einzigartigkeit ja auch ausschließlich privat ausleben, dann ist es sowieso egal, auf wie vielen Hochzeiten du tanzt.

Solltest du allerdings vorhaben, aus deiner Einzigartigkeit ein Herzensbusiness zu entwickeln, dann ist es wichtig, eine Dachmarke zu finden, unter der alles Platz hat, was du bist. Dann ist diese Dachmarke deine Einzigartigkeit. In diesem Buch möchte ich dich auch darin unterstützen, aus deiner Einzigartigkeit ein Herzensbusiness zu entwickeln, welches dich erfüllt, ganz gleich, ob du es haupt- oder nebenberuflich ausübst.

Deshalb werden wir in diesem Kapitel die Grundlagen dafür legen, indem ich dich dabei unterstütze, deinen Einzigartigkeitsknoten zu entwirren. Zum Herzensbusiness kommen wir in einem späteren Kapitel. Jetzt geht es erst einmal darum, was du tun kannst, um die Einzigartigkeit in der Vielfalt zu entdecken.

Die folgende Übung besteht aus mehreren Teilen. Es ist empfehlenswert, die Reihenfolge einzuhalten. Du musst aber nicht alle Übungen an einem Tag hintereinander machen. Ich empfehle dir, dir richtig Zeit zu lassen und vielleicht sogar jeden Tag nur eine Übung zu machen. Warum ich dir das empfehle? Ich bin der Meinung, dass immer, wenn du im Äußeren arbeitest, auch in dir etwas geschieht, denn dein Unterbewusstsein arbeitet mit. Deshalb nimm dir die Zeit, lass die Dinge sich entwickeln. Folge bei dieser Übung auch deiner Intuition. Du wirst spüren, wann es genug ist mit einer Übung und wann es Zeit ist, weiterzugehen und die nächste Übung zu machen.

Schlüssel Nr. 8: Die Einzigartigkeit in der Vielfalt finden

Zutaten:

- Mehrere Stunden in der Woche
- Tagebuch
- Stift
- (für später) Fotos aus Zeitschriften
- Flipchart oder Pappe in DIN A 3
- Textmarker
- Klebe-Etiketten
- Eine Freundin/einen Freund
- Intuition
- ein offenes Herz

So geht's:

Lass dir bei dieser Übung so viel Zeit, wie du brauchst. Befolge die Reihenfolge der einzelnen Schritte. Sei offen für die kreativen Impulse, die du aus deinem Inneren bekommst.

Teil 1: Bestandsaufnahme: Was liebst du? Was kannst du? Was machst du gerne?

Nimm dir dein Tagebuch oder einen Zettel. Teile das Blatt in vier Spalten ein. Schreibe über die erste Spalte „Das liebe ich", über die zweite Spalte „Das tue ich gerne", über die dritte Spalte „Meine Talente" und über die letzte Spalte „Meine Fähigkeiten".

Talente und Fähigkeiten unterscheide ich deshalb, weil Talente für mich eher etwas sind, was du in dieses Leben mitgebracht hast und „nur" wiederentdecken musst. Fähigkeiten kannst du auch erworben haben, wie z. B. die Fähigkeit, mit einem bestimmten Computerprogramm umzugehen.

Teil 2: Was leuchtet besonders für dich auf?

Schau dir deine Tabelle noch einmal an und frage dich: Wenn ich aus jeder Spalte nur drei Dinge auf eine einsame Insel mitnehmen könnte, welche würden das sein? Was leuchtet besonders für dich auf? Was würdest du als deine Haupttalente, als das, was du am liebsten tust und am meisten liebst, sehen? Unterstreiche das mit einem Textmarker, so dass es schon von Weitem für dich aufleuchten.

Lege das Blatt mit der Tabelle dann erst mal weg und beachte es nicht weiter.

Teil 3: Frage einen guten Freund/eine gute Freundin!

Frage jemanden, dem du wirklich vertraust, wie er oder sie dich sieht. Welche Talente und Fähigkeiten sieht dein Freund/deine Freundin bei dir? Was kann er/sie noch über dich sagen? Schreibe auch das wieder auf und markiere das, was dir davon besonders aufleuchtet mit einem Textmarker. Lege dieses Blatt Papier dann auch zur Seite.

Teil 4: Gemeinsamkeiten entdecken

Nimm die beiden Zettel, nachdem du sie ein paar Tage lang hast liegen lassen, und schau sie dir noch mal an. Findest du irgendwo Verbindungen oder Gemeinsamkeiten zwischen deinen Talenten und Fähigkeiten, dem was du liebst und dem was du gerne tust? Was von dem Zettel, den du gemeinsam mit deinem Freund/deiner Freundin erstellt hast, passt dazu?

Notiere dir diese Dinge und schreibe dir auf, was sie verbindet. Vielleicht erkennst du ja jetzt schon einen gemeinsamen Kern, der alles miteinander verbindet, bzw. der als Dach fungieren kann, das über allem steht und doch alles beinhaltet.

Teil 5: Deine Einzigartigkeits-Collage

Kauf dir eine Pappe in DIN A 3 oder größer oder benutze eine Flipchart, wenn du eine hast. Nimm Zeitschriften, die du nicht mehr brauchst. Schneide maximal sieben Fotos aus, die deine Einzigartigkeit, so wie du sie in den vorangegangenen Übungen erforscht hast, repräsentieren. Klebe diese Bilder auf die Pappe, bzw. an die Flipchart. Schreie zu jedem Bild ein Wort als Anker für deine Einzigartigkeit.

Schreibe obendrüber den Begriff, der alles miteinander verbindet. Dieser Begriff ist deine Dachmarke.

Herzlichen Glückwunsch, du bist ein großes Stück weitergekommen. Deine Einzigartigkeit liegt zwar immer noch in der Vielfalt, aber du konntest das jetzt ordnen und ein bisschen entwirren, hoffe ich doch. Ansonsten brauchst du vielleicht noch ein paar Tage für Schlüssel Nr. 8.

Ich rate dir, erst mit dem restlichen Teil des Buches weiterzuarbeiten, wenn du die Übungen von Schlüssel Nr. 8 abgeschlossen hast und einen gemeinsamen Nenner für deine Vielfalt gefunden hast.

Sollte dir das alleine schwerfallen, dann such dir Unterstützung bei einem Coach deiner Wahl.

Bringe auf den Punkt, was dich einzigartig macht!

Solltest du später mal vorhaben, deine Einzigartigkeit zum Beruf zu machen, dann ist es gut, wenn du in ein paar Sätzen auf den Punkt bringen kannst, was dich einzigartig macht.

Aber auch für dich selbst ist es eine gute Sache, wenn du in wenigen Sätzen sagen kannst, was dich besonders macht. Ich finde, es hebt das Selbstbewusstsein, wenn man seine Talente und Vorlieben kennt und auch wertschätzen kann.

Ich weiß nicht, wie es dir geht: Aber früher habe ich mich oft mit anderen verglichen. Das Ende vom Lied war, dass ich mich innerlich immer schlechter darstellte und die anderen besser fand. Noch schwieriger wurde es, wenn sie beruflich in einem ähnlichen Bereich unterwegs waren. Dann sah ich sie als Konkurrenz, die natürlich besser war als ich.

Kennst du das auch? Dann kann das ein Zeichen dafür sein, dass du deine Einzigartigkeit noch nicht wirklich gefunden und auf den Punkt gebracht hast. Stell dir vor, jemand weckt dich mitten in der Nacht und fragt dich nach deiner Einzigartigkeit und du antwortest ihm wie auf Knopfdruck, was dich einzigartig macht. Wenn du dich an diesem Punkt befindest, wirst du dich wahrscheinlich gar nicht mehr mit anderen vergleichen wollen oder gar sie als Konkurrenz sehen, weil du deine Einzigartigkeit kennst und schätzt. Somit weißt du auch, dass wir alle einfach unvergleichlich sind und es wichtig ist, das wertzuschätzen und anzuerkennen.

Ganz gleich, ob du deine Einzigartigkeit nur privat ausleben möchtest oder daraus ein Herzensbusiness entwickeln willst, es lohnt sich also, diese in ein paar Sätzen auf den Punkt zu bringen.

Um deine Einzigartigkeit zu formulieren, ist es zunächst einmal wichtig, dass du überhaupt weißt, was dich wirklich einzigartig macht. Wenn du die Übungen in den vorangegangenen Kapiteln gemacht hast, dann hast du sicher schon eine große Ahnung von deiner Einzigartigkeit, zumindest mehr als am Anfang. Ich empfehle dir, noch mal durch alle Unterlagen zu gehen, die du bisher gesammelt hast: Dein Tagebuch, deine Antworten zu den Übungen und deine Collage. Schreibe dir alles auf, was dir auffällt.

Hier ein Beispiel von mir:

Wenn ich über meine Einzigartigkeit nachdenke, dann kommen mir ein paar Ideen:

- Ich bin gerne kreativ.
- Ich schreibe gerne.
- Ich unterstütze gerne andere Menschen, ihr Potenzial zu entfalten.
- Ich habe Fantasie und denke mir gerne Geschichten aus.
- Ich bastle aber auch gerne an Internet-Seiten herum.
- Ich fotografiere gerne Natur, Licht und Urbanes.
- Außerdem interessiere ich mich für den Sinn des Lebens und für spirituelle Themen.

Manche Dinge davon werde ich eher als Hobby ausüben, einiges davon habe ich zum Beruf gemacht. Um das Thema Beruf wird es in einem späteren Kapitel noch gehen.

Jetzt geht es erst einmal darum, dass du deine Einzigartigkeit mehr und mehr auf den Punkt bringst. Dabei hilft es, die einzelnen Bestandteile, die dazu gehören, einfach mal aufzulisten.

Ein weiterer wichtiger Aspekt, der dir dabei hilft, deine Einzigartigkeit auf den Punkt zu bringen, ist das **Warum**. Hast du eigentlich schon mal überlegt, warum du die Dinge tust, die du tust? Machst du es einfach nur aus Spaß? Oder steckt vielleicht sogar ein tieferer Sinn dahinter, z. B. eine Vision, die du hast. Vielleicht möchtest du die Welt verbessern, das Leben von anderen erleichtern, etc. Was immer es auch ist, wen dir dazu spontan etwas einfällt, dann schreibe es auf. Wir widmen uns diesem Thema noch mal ausführlicher in dem Kapitel zum „Herzensbusiness". Es ist also auch nicht weiter tragisch, wenn dir an dieser Stelle noch nichts dazu einfällt. Wenn es Dinge gibt, die du

„nur" aus Spaß machst, ist das auch völlig in Ordnung. Sogar da kann ein tieferer Sinn dahinterliegen. Doch dazu später mehr.

Jetzt geht es erst mal darum, dass du die Einzigartigkeit auf den Punkt bringst, so dass sie greifbar wird.

Dafür stellen wir uns jetzt einmal folgendes Bild vor. Du bist auf einer Party und jemand fragt dich wie aus heiterem Himmel: Weißt du eigentlich, was dich besonders macht? Kennst du deine Einzigartigkeit? Das ist zwar eher unwahrscheinlich, dass man das so direkt gefragt wird, aber für die Übung hier hilft es. Wahrscheinlicher ist natürlich die Frage: Was machen Sie beruflich? Aber auch auf diese Frage kann man durchaus etwas antworten, was mit der Einzigartigkeit zu tun hat.

Stell dir weiter vor, dass derjenige, der dich auf der Party angesprochen hat, nicht viel Zeit hat. Da nähert sich schon eine ehemalige Freundin, die er lange nicht gesehen hat und signalisiert, dass sie mit ihm sprechen will. Doch dein Gegenüber ist höflich und sagt: Gleich komme ich zu dir, Lea, jetzt habe ich

XYZ gerade etwas gefragt. Da wo XYZ steht, setzt du bitte deinen Namen ein.

Worauf ich hinaus will: Du hast vielleicht oft nicht viel Zeit zu erzählen, was dich einzigartig macht, in der Kürze liegt also die Würze.

Der nächste Schlüssel hilft dir beim Formulieren.

Schlüssel Nr. 9: Bringe deine Einzigartigkeit auf den Punkt

Zutaten:

- Ca. 60 Minuten deiner Zeit
- Ein ruhiges Fleckchen Erde
- Papier
- Stift
- Deine Notizen zum Thema Einzigartigkeit

So geht's:

Schau, was deine Einzigartigkeit am besten beschreibt.

Suche dir drei bis maximal fünf Punkte von deiner Liste aus, von denen du meinst, dass sie deine Einzigartigkeit am besten beschreiben.

Schaue, ob es einen Überbegriff gibt, der wie ein Dach für alles sein kann, was deine Einzigartigkeit ausmacht. Schau dafür auch noch mal in deine Aufzeichnungen zu den beiden letzten Kapiteln. Es dürfen auch zwei Begriffe sein. Beispiel: Ich bin Autorin und Schreib-Coach. Das Einzige, was nicht unter dieses Dach passen würde, wäre bei mir das Fotografieren. Deshalb behandle ich das gesondert.

Solltest du schon wissen, dass du deine Einzigartigkeit nicht einfach nur aus Spaß an der Freude leben, sondern auch Geld damit verdienen willst, dann wäre es eine gute Idee, wenn du dich jetzt schon darauf fokussieren könntest. Mach das einfach ganz leicht und entspannt im Inneren, während der folgenden Übungen.

Deine fünf Lieblingsworte

Mit diesem Teil der Übung wollen wir deinen fünf Lieblingsworten auf die Spur kommen. Beobachte dich mal beim Erzählen, wenn du über deine Einzigartigkeit sprichst oder frage eine Freundin oder einen Freund, welche Worte du dabei verwendest.

Einzigartigkeit ist z. B. eines meiner Lieblingsworte, welches ich auch gerne im Business-Umfeld verwende. Andere hingegen umschreiben das eher mit Alleinstellungsmerkmal. Beide Worte beschreiben ungefähr das Gleiche, haben jedoch eine unterschiedliche Energie. Deshalb halte ich es für wichtig, dass du deine Lieblingsworte kennst. Die Sprache ist so reich an Worten, dass du nicht immer das Naheliegende nehmen musst oder das, was alle verwenden. Schau, welche Worte sich für dich gut anfühlen und passen. Schreibe diese dann auf.

Die Kraft des „Ich bin!"

In diesem Kapitel formulierst du deine Einzigartigkeit nur für dich. Deshalb kommt es jetzt auch nicht so darauf an, dass du daran denkst, auch Kunden mit ihren Bedürfnissen anzusprechen. Und da es um dich geht, schlage ich dir vor, die Kraft des „Ich bin!" zu nutzen. Beginne deinen Satz mit „Ich bin!" Mach es jetzt ruhig auch mal fantasievoll. Erlaube dir es auch so zu formulieren, wie du es für ein späteres Business vielleicht nicht formulieren würdest. Du kannst auch gerne die Worte neu kombinieren oder neue Worte erfinden, sie müssen allerdings einen Sinn ergeben und allgemein verständlich sein.

Hier ein Beispiel

Ich bin Einzigartigkeits-Finderin und Kreativitäts-Motivatorin. Ich helfe dir nicht nur, deine Einzigartigkeit zu finden und auf den Punkt zu bringen, sondern auch dein kreatives Potenzial zu entfesseln und ins Leben zu rufen.

Wenn du dir diese beiden Sätze durchliest, dann siehst du, dass ich mich im zweiten Satz der anderen Person zuwende, mit der ich gerade spreche oder an die ich schreibe.

Wir leben ja nicht in einem Vakuum, sondern begegnen ständig anderen Personen, das gilt ganz besonders für ein späteres Herzensbusiness. Wenn wir den zweiten Satz so formulieren, dass wir mit „Ich helfe dir…" oder „Ich unterstütze dich" anfangen, dann haben wir schon mal eine gute Grundlage für einen späteren Slogan oder auch Elevator-Pitch für dein Herzensbusiness.

Solltest du deine Einzigartigkeit nur als Hobby betreiben, kannst du das genauso machen. Hier das Beispiel von mir mit der Fotografie:

Ich bin kreative Fotokünstlerin und fange das Licht und die Schönheit der Natur ein. Mit meinen Fotos möchte ich Menschen wie dir etwas geben, was das Herz öffnet für die Schönheit unserer Welt.

Im ersten Satz beginnst du also mit dem „Ich bin". Warum empfehle ich dir das? „Ich bin!" hat einfach eine stärkere Kraft als „Ich mache" oder so. Probiere es einfach aus. Gerade, wenn es um deine Einzigartigkeit geht, die ja wie ein Blueprint für dich ist, solltest du mit „Ich bin!" beginnen. Im zweiten Satz sollte der Nutzen für andere erkennbar sein, oder auch deine Vision, warum du etwas tust. Warum diese Vision gerade für dein Herzensbusiness wichtig ist, erfährst du im nächsten Kapitel.

Wie aus deiner Einzigartigkeit ein Herzensbusiness wird

Kennst du auch das berühmte Zitat von Konfuzius? „Wähle einen Beruf, den du liebst, und du brauchst keinen Tag in deinem Leben mehr zu arbeiten."

Ein toller Gedanke. Als ich das zum ersten Mal las, dachte ich sofort: Ja, so soll es sein! Doch so einfach ist das oft gar nicht. In den seltensten Fällen schafft man es wirklich immer gleich, den Beruf zu wählen, der auch wirklich ein Herzensbusiness ist. Das lernt man in der Schule nämlich nicht. Man wird vielmehr darauf vorbereitet, dass man später in der Gesellschaft und meistens in einem „normalen" Job funktioniert, um seinen Lebensunterhalt zu bestreiten.

Oft geschieht es erst in der sogenannten Lebensmitte, dass man sich die berühmte Frage stellt: „Kann das denn alles gewesen sein?" Und dann beginnt man meistens zu suchen, nach neuen Möglichkeiten, der Einzigartigkeit, einer Tätigkeit mit einem tieferen Sinn dahinter. Und oft startet man dann noch mal ganz neu durch, oft auch mit einer beruflichen Selbstständigkeit oder zumindest nebenberuflich, weil das, was man im Einklang mit seiner Einzigartigkeit tun möchte, oft nicht in das Schema eines normalen Angestelltenjobs passt.

Es gibt schon einiges an Literatur darüber, wie man seine Berufung findet und lebt. In diesem Kapitel möchte ich dennoch ein paar Anregungen aus meiner Sicht geben, damit es dir gelingen kann, aus deiner Einzigartigkeit ein Business zu entwickeln, mit dem du Geld verdienen kannst.

Natürlich kannst du deine Einzigartigkeit auch ehrenamtlich ausüben. Aber vielleicht möchtest du ja auch Geld mit deiner Einzigartigkeit verdienen. Warum auch nicht das Angenehme mit dem Nützlichen verbinden. Selbst, wenn du deine Einzigartigkeit nur nebenberuflich auslebst, kann das erfüllend sein.

Doch wie wird nun aus deiner Einzigartigkeit ein Herzensbusiness? Um diese Frage zu beantworten, solltest du dir noch mal die Ergebnisse aus den vergangenen Übungen anschauen.

Wenn du deine Einzigartigkeit im letzten Kapitel auf den Punkt gebracht hast, sollte das nicht so schwierig sein.

Du solltest wissen, was du liebst, was du gerne tust und natürlich deine Talente und Fähigkeiten kennen.

Wichtig fürs Herzensbusiness ist auch deine Vision. Die Vision hat auch mit deiner Einzigartigkeit zu tun, geht aber noch weiter. Hier stellst du dir nämlich die Frage: Was kann ich tun, um die Welt zu einem besseren Ort zu machen? Das muss nichts Großes sein. Aber du könntest dir z. B. vornehmen, dass du anderen helfen willst, glücklich zu werden, indem sie ihr Potenzial leben. Oder du unterstützt alleinerziehende Mütter, weil du willst, dass sie es leichter in der Gesellschaft und beruflich haben. Oder du hilfst Jugendlichen beim Start ins Berufsleben. Oder du wirst Hundeflüsterin und hilfst Hund und Herrchen oder Frauchen, besser miteinander zurecht zu kommen. Oder du wirst

Autorin und erzählst Geschichten, die die Menschen für einen Moment verzaubern.

Was es auch immer ist: Eine Vision verstehe ich so, dass man etwas Sinnvolles tun möchte, etwas, das anderen weiterhilft. Meistens hast du ein tiefes Bedürfnis, genau das zu tun, was deiner Vision entspricht.

Natürlich gibt es auch Menschen, die sagen: Ich will viel Geld verdienen. Alles andere interessiert mich nicht. Ich sag dir ganz ehrlich: Das kannst du natürlich machen. Meine Erfahrung ist: Die Menschen spüren, ob du mit deinen Angeboten bloß viel Geld verdienen oder ob du sie ehrlich unterstützen willst.

Jeder kennt diese Internet-Unternehmer, die unheimlich viel trommeln und das schnelle Geld versprechen, wenn man doch nur ihre Angebote kauft. Für mich fühlen sich diese Angebote immer leer an. Seelenlos und austauschbar trifft es vielleicht am besten.

Hier geht es jedoch um dein Herzensbusiness.

Für mich beinhaltet das folgende Zutaten:
- Deine Einzigartigkeit
- Deine Talente und Fähigkeiten
- Die Dinge, die du gerne tust.
- Deine Vision (der Tiefere Sinn von dem, was du tun möchtest, bzw. wie du die Welt zu einem besseren Ort machen willst)
- Die Frage: Nebenberuflich oder Hauptberuflich starten.

Vielleicht schreibst du dir erst einmal auf, was Herzensbusiness für dich bedeutet. Ich empfehle dir, einfach frei zu schreiben. Vielleicht magst du dir zur Einstimmung vorstellen, dass du in deinen Herzraum gehst. Dort darfst du dich sicher und geborgen fühlen. Vielleicht siehst du dort ja eine goldene Schatulle oder etwas Ähnliches, was du öffnen kannst und wo du Infos über dein Herzensbusiness erhältst. Stell dir vor, du öffnest diese Schatulle oder was auch immer es ist. Schau dir an, was du findest und beginne dann, einfach frei zu schreiben, was dir zu deinem Herzensbusiness in den Sinn kommt.

Beschäftige dich dann damit, wie du das Herzensbusiness ins Leben rufen willst. Hier kommt es darauf an, ob du lieber direkt mit Menschen oder Tieren arbeiten willst, also 1:1. Du kannst dich auch dafür entscheiden, dein Wissen in Büchern und Kursen weiterzugeben. Oder du möchtest gerne Vorträge halten.

Außerdem solltest du dir überlegen, ob du vielleicht erst nebenberuflich startest, damit du finanziell nicht unter Druck gerätst. Denn es dauert manchmal eine Weile, bis man sein Herzensbusiness so aufgebaut hat, dass man auch wirklich davon leben kann. Das weiß ich aus eigener Erfahrung. Außerdem kann es sein, dass du deine Idee immer auch wieder modifizieren musst. Mein Business, was ich heute betreibe, ist auch nicht mehr das Gleiche wie noch vor 13 Jahren, als ich damit begonnen habe. Was geblieben ist, ist der Kern. Ich bin nicht plötzlich vom Schreib-Coaching umgeschwenkt und bin Fitness-Trainerin geworden.

Deshalb halte ich es für wichtig, dass du dein Herzensbusiness in wenigen Sätzen auf den Punkt bringst und ganz deutlich ein unveränderbarer, unverwechselbarer Kern sichtbar wird, der Blueprint eben, der auf deiner Einzigartigkeit basiert.

Es kann so erfüllend sein, wenn man das wirklich lebt und wenn man damit noch Geld verdient, dann umso besser.

Um besser zu illustrieren, was ich meine, erzähle ich dir hier von mir:

Oft beginnt es damit, dass es einem bewusst wird, dass der derzeitige Job einen nicht so ganz erfüllt. Meistens kann man dort nicht alle Talente leben oder man möchte einfach mehr selbst gestalten oder mehr bewirken, als es dort möglich ist.

Mir ging es ähnlich. Ich habe schon immer gerne geschrieben, aber auch mein Wissen gerne weitergegeben. Außerdem denke ich mir sehr gerne Übungen aus, um die eigene Kreativität zu entwickeln. Was das Schreiben betrifft, so interessiere ich mich zwar schon dafür, Geschichten zu schreiben, aber noch mehr faszinieren mich Sachtexte, bzw. Ratgeber-Bücher, aber auch Werbetexte. Außerdem spürte ich, dass ich eine feine Wahrnehmung für die Einzigartigkeit von Menschen habe, sofern diese sich dafür öffnen.

Also kreierte ich Schreibworkshops. Einmal für das Schreiben von Flyertexten, Internet-Seiten und dann aber auch nur, um die eigene innere Schreibstimme zu finden.

2003 fing ich an, sowohl Einzel-Coachings, als auch Workshops zu geben. Meine Kunden fand ich hauptsächlich durch ein ganzheitliches Berufsnetzwerk, was es heute leider nicht mehr gibt.

Jedes Mal, wenn ich jemandem helfen konnte, einen Slogan zu kreieren und wir es schafften, dass seine Einzigartigkeit im Flyertext durchschimmerte erfüllte mich das. Es machte mich glücklich. Und ich verdiente auch noch Geld damit. Ich bin zwar nebenberuflich gestartet, aber schon damals hatte ich das Gefühl, ich war am Ziel meiner Träume.

Doch im Leben entwickeln sich die Dinge stetig weiter. Ab 2012 gab es dieses Netzwerk plötzlich nicht mehr in der damaligen Form und bei mir herrschte eine Flaute. Da war ich froh, dass ich nebenberuflich gegründet hatte und noch meinen Hauptjob hatte. Denn jetzt musste ich etwas Neues entwickeln.

Schon 2010 hatte ich mit Online-Workshops experimentiert. Es gab einen Anbieter, wo ich meine Seminarunterlagen als PDF-Datei hochladen und mich mit den Teilnehmern in einem Forum austauschen konnte.

2010 und 2011 hatte ich große Erfolge mit dieser Art von Online-Workshops. Doch dann begann die Ära der Webinare und kaum noch einer verirrte sich in einen Online-Workshop, wo es nur ein Forum gab, worüber wir uns austauschen konnten.

Wieder musste ich mein Business modifizieren. Natürlich probierte ich auch Webinare aus. Doch im Gegensatz zum amerikanischen Markt funktionieren kostenpflichtige Webinare hier in Deutschland nur bedingt. Das ist zumindest meine Erfahrung. In

Deutschland haben Webinare eher den Ruf, reine Werbeveranstaltungen zu sein. Doch damit wird man ihnen absolut nicht gerecht. Ich gebe selbst in meinen Webinaren – auch in den kostenlosen – viele wertvolle Informationen weiter. Gleichzeitig habe ich auch an Webinaren teilgenommen, wo es ebenfalls viele kostenlose Tipps gab.

Während ich früher reale Räume für meine Workshops und Einzelberatungen gemietet habe, miete ich jetzt Webinarräume oder arbeite am Telefon oder via Skype für Einzel-Coachings. Was früher mit Fahrtzeiten und Reisen verbunden war, findet jetzt im Internet oder am Telefon statt.

Diese Veränderungen hätte ich 2003 gar nicht voraussehen können. Ich habe daraus gelernt, dass ich mein Business immer wieder den sich verändernden äußeren Gegebenheiten anpassen darf. Meistens eröffnen sich dadurch ganz tolle neue Gelegenheiten, wie z. B. die Möglichkeit, Bücher via Print on Demand selbst zu veröffentlichen oder die Möglichkeit, Online-Kurse und Selbstlernkurse zu erstellen und zu verkaufen.

Bücher und Online-Kurse bieten die tolle Chance, sich ein Passiveinkommen aufzubauen. Hast du ein Buch einmal veröffentlicht, kann es sich verkaufen, während du gerade gemütlich in der Hängematte liegst, ebenso geht das mit einem Selbstlernkurs. Aber Vorsicht: So einfach wie es klingt, ist es nicht, denn nur durch ein geschicktes Marketing wirst du überhaupt sichtbar und die Menschen kaufen deine Kurse.

Auch eine gute Mischung aus Einzel-Coachings (also 1:1-Beratungen) und Büchern und Online-Kursen, die du verkaufst, ist sinnvoll. Schau einfach, was zu dir passt, aber behalte dabei immer deinen Kern, deine Einzigartigkeit, im Auge.

Schlüssel Nr. 10: Finde dein Herzensbusiness

Zutaten:

- Papier
- Stift
- Mehrere Tage Zeit
- ein offenes Herz

So geht's:

Diese Übung besteht aus mehreren Teilen.

Erstens: Geh in deinen Herzraum und schau, was dein Herz dir sagt!

Die erste Übung ist eine Fantasiereise in dein Herz. Nimm dir ca. 20 bis 30 Minuten Zeit dafür. Schließe die Augen, entspanne dich und atme ein paarmal tief ein und aus. Mit jedem Ausatmen lässt du deine Anspannung ein bisschen mehr los, mit jedem Einatmen kommst du tiefer in dienen Herzraum hinein.

Schau, ob du dort eine Schatulle oder etwas Ähnliches findest, was Informationen über dein Herzensbusiness enthält.

Komme anschließend wieder in den Raum zurück, wo du bist und notiere, was dir dein Herz gesagt hat.

Zweitens: Schreib deine Talente und Fähigkeiten auf!

Nimm dir ein Blatt Papier und notiere dir deine Talente, die du in dieses Leben mitgebracht hast. Schreib dir auch die Fähigkeiten auf, die du durch Ausbildung, Studium, etc. erworben hast.

Vergib dann Sternchen: Fünf Sternchen bedeuten, dass du es sehr gerne machst, ein Sternchen bedeutet, dass du das zwar kannst, aber nicht sonderlich magst.

Drittens: verbinde deine Lieblingstalente und Fähigkeiten mit deiner Einzigartigkeit

Nimm dir deine Sätze aus dem letzten Kapitel noch mal vor, dort, wo du deine Einzigartigkeit auf den Punkt gebracht hast. Dies ist dein Blueprint, der dich wirklich unverwechselbar macht. Schau, ob dir konkrete Tätigkeiten einfallen, bei denen du beides in Einklang bringst.

Viertens: Frag dich, mit wem möchtest du arbeiten!

Nimm dir zwei Stühle. Auf dem einen Stuhl sitzt du, der andere Stuhl repräsentiert deinen zukünftigen Lieblingskunden. Stell dir vor, du fragst ihn/sie nach seinen/ihren Bedürfnissen.

Setze dich dann auf den Stuhl, der deine Kundin repräsentiert und schau, was dir im Inneren für Impulse kommen. Schreibe diese Impulse anschließend auf.

Fünftens: Recherchiere die Möglichkeiten, dein Business auszuüben!

An dieser Stelle wäre es wichtig, dass du dich damit beschäftigst, wie dein Businessalltag in Zukunft aussehen soll. Willst du mehr über das Internet arbeiten? Mehr persönlich mit anderen Menschen? Schau dich auch mal um, wie es andere so machen, die etwas Ähnliches anbieten. Bleib dabei aber immer fokussiert auf deine Einzigartigkeit. Es ist dennoch wichtig, ein bisschen Marktbeobachtung zu machen. Gibt es das, was du machen möchtest, schon wie Sand am Meer, ist es umso wichtiger, dass du deine Einzigartigkeit kennst, damit du wie ein Leuchtturm strahlst zwischen all den anderen Angeboten.

Mache dir konkrete Stichpunkte, was du anbieten möchtest. Checke auch, ob du evtl. dafür noch mal eine Ausbildung oder Fortbildung brauchst.

Sechstens: Beginne damit, dein erstes Angebot zu entwickeln!

Fang an, dein erstes Angebot zu entwickeln, dem hoffentlich noch mehrere folgen werden. Das kann ein Einzelcoaching, ein Buch oder auch ein Online-Kurs sein.

Siebtens: Mache dir einen Plan für die nächsten drei Jahre!

Plane für dich, wie du es angehen möchtest. Hier fällt auch die Entscheidung rein, ob du erst einmal nebenberuflich starten möchtest. Ich würde dir das empfehlen. Du musst das dann aber mit deinem Arbeitgeber abklären. Meistens braucht man eine Genehmigung dazu.

Mach dir an dieser Stelle auch Gedanken über dein Marketing und hole dir Hilfe, wenn du alleine nicht klarkommst.

Achtens: Beobachte dich selbst!

Wie geht es dir, wenn du dich mit deinem Herzensbusiness beschäftigst? Fühlst du dich gut dabei? Bist du im Flow? Oder gibt es Themengebiete, wo du nicht im Flow bist?

Gibt es etwas, wo du das Gefühl hast, dass du alleine nicht weiterkommst? Dann schau, ob du die passende Unterstützung findest.

Neuntens: Baue dir dein Netzwerk auf!

Suche dir Menschen, Gleichgesinnte, die deine Angebote ergänzen und die dir vertrauen. Menschen, die du weiterempfehlen würdest und die dich weiterempfehlen. Heute wirst du wahrscheinlich auch an sozialen Netzwerken nicht vorbeikommen. Schau, wo du Gleichgesinnte und Kunden findest. Mein Tipp ist: Suche dir maximal drei soziale Netzwerke aus und kümmere dich sonst um deine eigene Internet-Seite. Soziale Netzwerke sind kein Ersatz für die eigene Internet-Seite.

Zehntens: Erschaffe dir eine Präsenz im Internet!

Heutzutage gibt es viele Möglichkeiten, auch ohne große Programmierkenntnisse eine Internetseite zu gestalten. Auch in sozialen Medien gibt es viele Möglichkeiten, um sichtbar zu werden. Einige davon stelle ich dir im nächsten Kapitel vor.

Zeige dein Herzensbusiness der Welt

Ich erinnere mich noch genau daran, wie es vor 13 Jahren war, als ich mit meinem Schreib-Business anfing. Zum ersten Mal wollte ich einen kreativen Schreibworkshop veranstalten und Teilnehmer gewinnen. Ich schaltete eine kleine Anzeige in einem Esoterik-Blättchen und hoffte, dass sich Teilnehmer meldeten. Die Möglichkeiten im Internet waren längst nicht so groß, wie heutzutage. Die selbstgebaute Internet-Seite sah alles andere als schön aus. Kleinanzeigen erschienen mir damals als das beste Mittel, um mich bekanntzumachen. Ich hatte übrigens Glück: Zwei Teilnehmer meldeten sich an und stellten sogar kostenlos einen Raum in einer Heilpraktiker-Praxis zur Verfügung.

Wenn ich daran denke, wie reich gedeckt der Gabentisch an Werbemöglichkeiten, auch fürs kleine Budget, heute ist, dann bin ich unendlich dankbar dafür, dass ich in im Internet-Zeitalter leben und das alles ausprobieren darf.

In diesem Kapitel gebe ich dir ein paar Tipps für den Einstieg, damit du dich mit deinem Herzensbusiness bekannt machen kannst. Wenn du ausführlichere Beschreibungen suchst, dann empfehle ich dir, schau auf YouTube nach Tutorials, such dir eine Facebook-Gruppe oder lies ein Buch. Bücher empfehle ich nur bedingt, denn sie sind oft, wenn sie erscheinen, schon nicht mehr aktuell, weil Software und Internet-Portale ständig aktualisiert werden. Aber für einen Einblick in die Grundlagen ist sicher auch ein Buch gut.

Deine Zentralsonne: Die eigene Webseite

Du solltest unbedingt eine eigene Webseite haben, auf der du die Inhalte selbst bestimmen kannst. Die Webseite sollte nach Möglichkeit einen eigenen Serverplatz bei einem Anbieter deines Vertrauens haben. Konzentrierst du dich nur auf Social Media, dann kann es dir passieren, dass mit Updates und Änderungen etwas verloren geht. Außerdem kann es sein, dass ein soziales Netzwerk geschlossen wird und alle Inhalte weg sind.

Das Tolle ist, dass es heutzutage so schöne Möglichkeiten gibt, eine Webseite zu gestalten, auch ohne Programmierkenntnisse.

Zwei davon habe ich selbst ausprobiert. Eine ist etwas aufwändiger, macht aber auch mehr Spaß und bietet sehr viel mehr Möglichkeiten. Die andere ist für Leute, die sich sehr wenig mit dem Thema beschäftigen wollen.

Mein absoluter Favorit: WordPress

WordPress startete 2003 als Möglichkeit, einen eigenen Blog zu betreiben. Blog ist ein zusammengesetzter Begriff aus Weblog. Gedacht war es ursprünglich als Möglichkeit, ein Internet-Tagebuch zu führen.

In der Zeit zwischen damals und heute hat sich wahnsinnig viel getan und WordPress ist zu einem Content-Management System (CMS) geworden, mit welchem man nicht nur Artikel (Internet-Tagebuch) schreiben, sondern auch andere Inhalte verwalten kann. Mit WordPress habe ich es geschafft, Internetseiten zu gestalten, die gut aussehen und auch noch auf dem Smartphone oder Tablet super zu lesen sind.

Bei Wordpress gibt es zwei Versionen, einmal <https://de.wordpress.com/>. Dort kannst du dir eine Seite erstellen, die von Wordpress gehostet wird, d. h. auf einem Serverplatz dort „liegt". Der Nachteil ist, dass du keine eigenen Erweiterungen anbringen kannst. Das wird u. U. schwer, wenn du z. B. einen eigenen Shop einrichten und übers Internet Kurse oder Produkte verkaufen willst.

Deshalb empfehle ich ein sogenanntes selbstgehostetes WordPress. Das klingt erst einmal schwieriger als es ist. Als mir ein guter Freund vor sechs Jahren empfahl von WordPress.com auf ein selbstgehostetes Wordpress umzusteigen, winkte ich auch erst einmal ab, weil ich dachte, dass ich damit nicht zurechtkomme. Mittlerweile kann ich mir gar nichts anderes mehr vorstellen.

Wichtig ist, dass du dir einen Hoster suchst, der dir vorab das Wordpress auf deinen Serverplatz aufspielt, so dass du einfach mit der Gestaltung und den Inhalten loslegen kannst, ohne dich um die Programmierung zu kümmern. Mehr Informationen zu Wordpress findest du auch hier: https://de.wordpress.org/.

Wie schon gesagt, auf YouTube gibt es eine Menge Videos, die dir weiterhelfen. Wenn du sagst, dass du lieber Geld in die Hand nehmen und die Gestaltung nicht selbst machen möchtest, dann empfehle ich dir in diesem Blogartikel Menschen, die dir professionelle Webseiten mit WordPress gestalten: https://www.durch-schreiben-zum-erfolg.de/blogging-monday-2-waehle-ein-theme-das-responsive-ist/.

In diesem Artikel gebe ich dir auch Tipps, wo du Themes (Layouts) für dein WordPress findest, die so programmiert sind, dass sie sich automatisch an Smartphones und Tablets anpassen.

Der Vorteil von WordPress ist, dass du große Gestaltungsmöglichkeiten hast. Trotzdem ist es recht einfach, auch ohne Programmierkenntnisse, zu bedienen. Nachteil ist, dass es doch ein bisschen umfangreich ist und eine gewisse Einarbeitungszeit braucht, wenn man seine Seite selbst gestaltet. Wenn es nur darum geht, neue Inhalte einzupflegen, dann ist es recht einfach.

Baukastensysteme für Internet-Seiten

Wenn du jemand bist, der möglichst wenig Aufwand mit der Gestaltung einer Internet-Seite betreiben will, dann schaue dir mal http://de.jimdo.com/ an. Dort kannst du relativ leicht und mit wenigen Klicks eine eigene Internet-Seite erstellen. Ich habe selbst auch eine Seite mit Jimdo gestaltet und fand es ziemlich einfach.

Ein weiterer Anbieter, der mir in letzter Zeit immer wieder auf Youtube begegnet, ist http://de.wix.com/. Beide Anbieter sind sicher ähnlich und eignen sich für Menschen, die möglichst wenig Einarbeitungszeit mit der eigenen Webseite haben wollen. Der Nachteil ist allerdings, dass die Gestaltungsmöglichkeiten doch relativ begrenzt sind. Wenn dich das nicht stört und du es gerne einfach hast, dann ist das vielleicht etwas für dich.

Ohne Social Media geht gar nichts mehr

Du hast eine Internet-Seite, hast einen Blogbeitrag geschrieben, doch niemand weiß, dass deine Internet-Seite überhaupt existiert. Natürlich kannst du einiges tun, dass du in Suchmaschinen, wie z. B. Google, besser gefunden wirst. Auf das Thema SEO (Suchmaschinenoptimierung) werde ich in diesem Buch allerdings nicht weiter eingehen, denn dafür gibt es Experten und dicke Bücher, die dir da weiterhelfen können.

Mindestens genauso wichtig sind die sozialen Medien, auch bekannt unter dem Begriff Social Media.

Sicher hast du schon mal etwas von Facebook, Xing, Google+ und Twitter gehört. Auch wenn ich mich in meinen Büchern immer an die absoluten Einsteiger wende, denke ich mal, dem Namen nach kennst du zumindest eines der sozialen Netzwerke.

Ich empfehle dir, dich damit zu beschäftigen. Jedes Netzwerk hat seine eigene Ausrichtung. Hier kommt es darauf an, ob du mehr

Businesskunden ansprechen möchtest, Solounternehmer oder Privatpersonen.

Auch über Social Media gibt es viele Bücher. Man kann über jedes soziale Netzwerk ein eigenes Buch schreiben. An dieser Stelle möchte ich dir nur kurz etwas zu diesem Thema mit auf den Weg geben, denn alles andere würde den Rahmen sprengen. Merke dir auf jeden Fall: Zeige dich in den sozialen Netzwerken möglichst authentisch. Kenne allerdings die Grenzen dessen, was du öffentlich von dir preisgeben möchtest. Und teile deine Blogartikel regelmäßig in deinen Profilen, sollte in deine Internet-Seite ein eigener Blog integriert sein, auf dem regelmäßig Artikel schreibst.

Soziale Netzwerke kurz und bündig

Facebook – der Stammtisch unter den sozialen Netzwerken: https://www.facebook.com/

Mein absolutes Lieblingsnetzwerk ist Facebook. Das Netzwerk gibt es seit 2004. Ich persönlich empfinde es als intuitiv. Es bietet viele Möglichkeiten und du triffst dort die unterschiedlichsten Menschen. Für mich ist es so etwas wie der Stammtisch unter den Netzwerken. Man tauscht sich aus, bildet Gruppen, kann sich aber auch mit seinem Business präsentieren. Viele Coaches, die ich kenne, sind auf Facebook aktiv. Du findest dort auch Gruppen zu unterschiedlichen Themen, wie Wordpress, bessere Sichtbarkeit im Internet, etc. Ich selbst habe dort auch die Gruppe „Durch Schreiben zum Erfolg" initiiert und lade dich herzlich ein, dabei zu sein. Hier der Link zur Gruppe: https://www.facebook.com/groups/schreiberfolg/

Auf Facebook zeigst du dich sowohl privat, mit deinem privaten Profil, als auch mit deinen Business-Themen. Du kannst eine eigene Fanpage entwickeln, d. h., eine Seite, wo du deine Blogartikel teilst, Tipps gibst und Fans gewinnst, die sich für dich interessieren. Hier findest du meine Fanpage, falls du mal schauen willst, wie ich das so mache. Du siehst, dass ich z. B. regelmäßig Blogartikel teile. https://www.facebook.com/Anne.Kerstin.Busch.Autorin/.

Xing: Hier trifft sich die Businesswelt in Deutschland: https://www.xing.com/de

Xing wurde 2003 als OpenBC (Open Business Club) gegründet und dann 2006 in Xing umbenannt. Es ist ein richtiges Business-Netzwerk. Man tauscht sich dort nicht so sehr über private Themen aus oder zeigt seine schönsten Fotos, sondern hier haben Business-Themen Vorrang. Du kannst zunächst kostenlos Mitglied werden, hast dann aber einen eingeschränkten Funktionsumfang. Aber, um zu schauen, ob das Netzwerk zu dir und deinem Herzensbusiness passt, reicht das erst einmal.

Auch bei Xing gibt es Gruppen zu verschiedenen Themenbereichen. In manchen Städten werden auch reale Xing-Treffen veranstaltet, jenseits der virtuellen Welt.

Auch Xing wurde in der letzten Zeit immer mehr verbessert und bietet viele Möglichkeiten, sich zu präsentieren. Du kannst auch selbst eine Gruppe gründen oder in einer bestehenden Gruppe dich als Co-Moderator/-in engagieren, sofern der Moderator dich dazu einlädt. Hier empfiehlt es sich, erst einmal selbst in einer Gruppe aktiv zu werden. Kommentiere die Beiträge der anderen

Gruppenteilnehmer, die dich interessieren oder teile Fundstücke aus dem Internet, die zum Gruppenthema passen.

Twitter: Die Spatzen pfeifen es vom Dach: <https://twitter.com/>

Twitter wurde 2006 gegründet und ist ein Kurznachrichten-Dienst. Du hast 140 Zeichen, um zu kommunizieren, was du sagen möchtest und einen Link zu teilen. Du kannst zu deinen Beiträgen auch Fotos teilen. Wichtig bei Twitter ist auch der sogenannte Hashtag. Du hast sicher schon einmal gesehen, dass irgendwo auf einer Website ein Wort steht mit einer Raute davor. Manchmal sind es auch zusammengesetzte Worte oder Abkürzungen. Beispiel: #tagebuchchallenge. Hinter diesen Hashtags verbergen sich Links, unter denen man auf Twitter die Posts findet, bei denen dieser Hashtag verwendet wurde. Es empfiehlt sich also, wenn du einen Blogartikel auf Twitter teilst, für ein Wort, das dein Kernthema umschreibt, ein Hashtag zu verwenden. Hast du z. B. eine Blogartikel-Serie, dann kannst du für die Verlinkung der Artikel der Serie immer das gleiche Hashtag verwenden. Beispiel: Ich hatte mal eine Mini-Serie „Blogging Monday", die aus fünf Artikeln bestand. Hier würde sich ein Hashtag #bloggingmonday anbieten.

Auf Twitter werden Posts, die hier Tweets heißen, geteilt oder geliked. Es gibt allerdings keine Möglichkeit, sich auszutauschen, wie beispielsweise auf Facebook und Xing.

Google+: Herzlich willkommen in meinen Kreisen: https://plus.google.com/

Google+ gibt es seit 2011. Ich erinnere mich noch gut daran, dass man damals nur auf Einladung Mitglied des Netzwerkes werden konnte. Das ist natürlich längst Geschichte. Google+ ist ein soziales Netzwerk ähnlich wie Facebook. Spannend sind hier die Kreise. Du kannst verschiedene Kreise anlegen und neue Follower, Personen, die sich für dich interessieren, einem bestimmten Kreis zu ordnen. Du kannst auch selbst Profile von Personen hinzufügen, für die du dich interessierst. Wenn du etwas postest, dann kannst du es öffentlich posten, nur für deine Kreise oder für Menschen in einem bestimmten Kreis. Diese Möglichkeit ist einzigartig und macht es so leicht, ausgewählten Personen etwas vorzustellen.

Schau es dir einfach mal an: Die Mitgliedschaft bei Google+ ist kostenlos, genauso wie bei Facebook und bei Twitter.

YouTube: Dein eigener Video-Kanal: https://www.youtube.com/

YouTube gehört seit 2006 zu Google. Gegründet wurde es 2005. Über YouTube gibt es sicher auch einiges zu sagen, es gibt aber auch gute Literatur von Experten. Mit einem Google-Konto, kannst du bei YouTube einen eigenen Kanal eröffnen und kostenlos eigene Videos hochladen, die du vorher selbst produziert hast. Es eignet sich beispielsweise für Tutorials, Tipps oder Statements zu einem bestimmten Thema. Am besten schaust du dir mal die Videos anderer Mitglieder an, die zu deinem Themenbereich passen, und holst dir ein paar Anregungen, bevor du selbst loslegst.

Zum Thema „Zeige dich mit deinem Herzensbusiness" gibt es sicher noch so viel mehr zu sagen, es würde vermutlich ein eigenes Buch werden. Doch das soll hier erst einmal genug sein. Ich rate dir, einfach zu beginnen. Und da kommen wir auch schon zur nächsten Übung…

Schlüssel Nr. 11: Werde immer sichtbarer!

Die Zutaten:

- Nimm dir ein paar Wochen Zeit, so wie es für dich passt.
- PC mit Internet-Anschluss
- Mut, Neues auszuprobieren
- Durchhaltevermögen, wenn mal etwas nicht gleich klappt.
- Papier und Stift für Reflektionen

So geht's:

Reflektiere zunächst mit Papier und Stift darüber, was für ein Internet-Typ du bist, um herauszufinden, ob du mit WordPress oder einem Internet-Baukasten anfängst.

Vielleicht hilft dir diese kleine Checkliste dabei:

Welche dieser Aussagen trifft auf dich zu?

Ich bin gerne im Internet und brenne darauf meine eigene Seite zu haben.

Ich bin offen für Neues und probiere auch gerne aus.

Vor Technik habe ich Respekt, aber keine Angst.

Ich arbeite mich gerne in komplexere Software ein.

Ich möchte so viel wie möglich bei meiner Internet-Seite selbst bestimmen.

Lieber weniger Technik, für mich muss es einfach gehen.

Es soll schön aussehen, aber ich möchte mich nicht groß einarbeiten müssen.

Das Wichtigste ist, dass ich meine Produkte/Angebote vorstellen kann.

Bloß nicht so viel Schnickschnack, mit dem ich dann nicht klarkomme.

Hast du das meiste bei den ersten vier Punkten angekreuzt, dann solltest du dir das selbstgehostete WordPress mal anschauen.

Wenn die restlichen Punkte auf dich zutreffen, dann ist wahrscheinlich ein Internet-Baukasten eher etwas für dich.

Soziale Netzwerke:

Es wird einige Zeit dauern, bis du mit deiner Internet-Seite fertig bist. Parallel dazu kannst du dir die verschiedenen sozialen Netzwerke anschauen. Meistens muss man sich registrieren, um einen Einblick zu bekommen. Wenn du dich nicht gleich bei allen Netzwerken registrieren magst, dann beantworte dir die folgenden Fragen und entscheide dich dann erst einmal für ein Netzwerk.

Ich suche Kontakt zu großen Firmen.

Mich interessieren nur Business-Kontakte.

Ich möchte mich sowohl privat, als auch zu Business-Themen austauschen.

Mir sind Gruppen in einem sozialen Netzwerk wichtig.

Mir reicht es, wenn ich Kurzmitteilungen poste, die dann geteilt und geliked werden.

Ich wollte schon immer Videos drehen und mich damit im Internet präsentieren.

Wenn dich nur Business-Kontakte interessieren, dann empfehle ich dir Xing. Falls du dich für beides interessierst, ist vielleicht Facebook etwas für dich oder auch Google+

Tipp: Frag auch mal deine Freunde und Kollegen, in welchen Netzwerken sie aktiv sind und welche Erfahrungen sie haben.

So baust du langsam dein virtuelles Netzwerk auf und wirst bekannter. Wenn du jetzt noch regelmäßig Blogbeiträge schreibst und diese in den sozialen Netzwerken teilst, bringst du dich immer wieder ins Gespräch und so nach und nach wirst du sichtbarer und gewinnst mit etwas Glück auch deine ersten Kunden.

Das Plus-Element: Immer wieder nachjustieren

Wir sind am Ende des Buches angelangt. Wenn du konsequent drangeblieben bist, dann hast du hoffentlich jetzt mehr Klarheit über deine Einzigartigkeit und vielleicht sogar auch darüber, wie du sie in ein Herzensbusiness verwandeln kannst.

Ich gratuliere dir, wenn du all diese Schritte gegangen bist! Solltest du noch nicht an diesem Ziel angelangt sein, dann schau dir die vorhergehenden Übungen noch mal an. Vielleicht ist es hilfreich, dass du dann die eine oder andere Übung noch mal machst, bis du das gewünschte Ergebnis erzielt hast.

Aber nehmen wir jetzt mal an, du hast deine Einzigartigkeit gefunden und hast eine Idee für dein Herzensbusiness. Vielleicht hast du dir sogar schon einen Plan gemacht, was du anbieten, wie viel du verdienen und wie du deine ersten Kunden oder Klienten gewinnen möchtest. Das ist eine tolle Sache. Das sind wichtige Schritte auf dem Weg zur Erfüllung und zum Glücklichsein.

Nun kann es passieren, dass du nach einiger Zeit merkst, dass irgendetwas doch nicht so richtig stimmt oder sich nicht mehr so anfühlt wie am Anfang. Vielleicht bleiben auch die Kunden aus oder etwas anderes entwickelt sich weiter, natürlich vielleicht auch du selbst!

Als ich 2003 damit startete, Coaches, Trainern und Beratern dabei zu helfen, Flyertexte und Texte für Internet-Seiten zu schreiben, dachte ich, dass dieses Geschäft das Beste für mich sei und mich lange in meinem Leben begleiten würde. Doch so war es nicht.

Die ersten Jahre mietete ich einen Seminarraum in der Stadt, um meine Einzelberatungen zu machen. Für Workshops nahm ich sogar die Entfernung zu einem Seminarzentrum in Kauf, weil ich es für passend hielt.

Ich erinnere mich noch an einen Tag. Ich hatte nach einem großen überregionalen Treffen eines Berufsnetzwerks einen Workshops zum Thema „Gute Seminartitel" angeboten. Es hatten sich ein paar Teilnehmerinnen angemeldet. Leider sagten kurz vorher einige

Teilnehmerinnen ab, so dass ich diesen Workshop nur mit zwei Personen durchführte. Ich hatte die Anreise und die Raummiete. Etwas, was ich heute z. B. nicht mehr machen würde.

Aber das war noch vor dem Zeitalter der Webinare und Online-Kurse. Es dauerte noch eine ganze Weile, bis ich die Präsenzseminare ins Virtuelle verlegte.

Es ergab sich, dass ich auch immer mehr Telefon-Coachings mit meinen Kunden durchführte und den kleinen Raum in der Stadtmitte immer weniger mietete. Das war für mich und meine Kunden ebenfalls eine Erleichterung, denn die Anreise fiel auch hier weg. Das eröffnete z. B. die Möglichkeit, Coachings auch am späteren Abend zu machen, zu einer Zeit, wo niemand mehr gerne unterwegs war.

Alle diese Änderungen waren schleichend und betrafen erst einmal nur das Thema, an welchem Ort ich mich mit meinen Kunden traf. Doch dann gab es auch größere Änderungen, die meine Produktpalette betrafen. Durch den Boom des Internets sank der Bedarf an Flyertexten. Dafür gab es jetzt plötzlich Leute, die gerne ein Ratgeber-Buch schreiben wollten und mich als Schreib-Coach buchten. Da ich eine Büchernärrin bin und auch gerne schreibe, war das für mich eine tolle neue Perspektive. Immerhin hatte ich ja auch Buchwissenschaft studiert, las viele Ratgeber und war damals selbst dabei, ein Buch zu schreiben, was ich zunächst als E-Book veröffentlichte.

Ich freute mich über diese Veränderung. Auch hier konnte ich gut am Telefon weiterhelfen und musste keinen extra Raum dafür mieten. Es machte mir Spaß, meine Kunden beim Schreiben ihrer Bücher zur Seite zu stehen.

Als nächstes veranstaltete ich Online-Workshops. Es fing alles mit einer Plattform für Online-Workshops an, auf der man PDF-Dateien mit Hausaufgaben hochladen und sich in einem Forum austauschen konnte. Auch das lief für eine Weile super. Es machte den Teilnehmern und mir viel Spaß und ich war froh, etwas gefunden zu haben, was mir den weiten Weg zu dem Seminarzentrum ersparte, wo ich früher oft Workshops geleitet hatte.

Das ging solange gut, bis die ersten Webinarplattformen entstanden. Live und in Echtzeit mit den Teilnehmern kommunizieren war ein Pluselement gegenüber einer Plattform mit einem reinen Forum. Es meldeten sich immer weniger Teilnehmer zu meinen Online-Workshops an. So war auch diese Zeit vorbei.

Heutzutage mache ich eine gute Mischung zwischen Live-Webinaren, sowohl kostenpflichtig, als auch kostenlos und Selbstlernkursen zum Herunterladen, wo es aber auch die Option gibt, ein Einzelcoaching zu buchen.

Warum ich dir das alles erzähle? Ich möchte dir zeigen, dass du mit deinem Business nicht stehen bleiben wirst. Es gibt immer eine Weiterentwicklung, sei es, dass sie von außen kommt, oder du im Inneren spürst, dass du etwas ändern musst. Deshalb ist es so wichtig, dass du dich ab und zu hinsetzt und Bilanz ziehst und schaust, ob noch alles passt. Ich bin der Meinung, es wird immer ein Plus-Element geben, wir werden nicht aufhören zu wachsen und unser Business wird auch nicht aufhören zu wachsen. Hoffentlich.

Was jedoch gleich bleibt, ist deine Einzigartigkeit. Sie ist dein Wesenskern, das, was dich ausmacht. Sie ist die Grundlage für alle Entwicklungen, die folgen werden.

Schlüssel Nr. 12: Sei allezeit bereit für die Veränderung!

Die Zutaten:

- Einmal im Monat 30 Minuten von deiner Zeit
- Papier
- Stift

So geht's:

Das Herz fragen:

Horche als erstes nach innen. Gehe in deinen Herzraum und spüre in dich hinein, ob sich alles noch rund anfühlt, wenn du an dein Herzensbusiness in Verbindung mit deiner Einzigartigkeit denkst. Oder spürst du irgendwo ein Unwohlsein oder eine Emotion, die dir anzeigt, dass du da mal genauer hinschauen solltest?

Falls ja, dann spüre dorthin, wo du die Emotion wahrnimmst und frage dich, was sie dir sagen will.

Notiere dir alles, was dir in den Sinn kommt, ohne es zu bewerten.

Den Faktencheck machen

Schaue dir dann die reinen Fakten an und frage dich:

Wie sieht es mit den Kunden/Klienten aus? Ist alles gleich geblieben oder habe ich in irgendeinem Bereich weniger Kunden oder Klienten?

Wie sieht es mit meiner Energie aus? Habe ich zurzeit für ein Projekt weniger Energie? Woran könnte das liegen?

Wie sieht es mit meinem Zeitaufwand für mein Herzensbusiness aus? Habe ich da einen Part, wo ich sehr viel Zeit verwende? Und wie steht der Zeitaufwand in Relation zu dem Nutzen?

Was verändert sich im Außen? Gibt es z. B. neue Technologien, die ich nutzen könnte? Brauchen meine Kunden immer noch mein Angebot, so wie ich mal gestartet bin? Oder ist es Zeit, dass ich da etwas optimiere?

Kann ich mir neue Möglichkeiten eröffnen, um Kunden zu gewinnen? Gibt es etwas, was ich bisher vielleicht noch nicht nutze, aber jetzt für sinnvoll erachte?

Frage dich auch, wo du in einem, in fünf und in zehn Jahren stehen willst. Es ist gut, immer mal wieder zu schauen, ob du dich dorthin bewegst, wo du hinmöchtest. Du kannst dich auch zusätzlich noch fragen: Wie viel Prozent von meinem Traum lebe ich bereits?

Stelle dir diese und weitere Fragen und schaue, was du ändern, bzw. optimieren kannst, damit wieder alles in den Fluss kommt und sich so gut anfühlt, wie am Anfang, als du gestartet bist.

Es wird sicher nicht jeden Monat etwas geben, was du verändern willst, dann geht die Übung schnell. Zu anderen Zeiten wirst du ziemlich genau spüren, dass du etwas verändern solltest. Dann schreibe es auf und schaue, wie du es in kleinen Schritten tun kannst, so dass es angenehm für dich ist.

Ein Tipp noch zum Schluss: Am besten, du hast immer ein kleines Notizbuch bei dir oder eine Notizfunktion im Smartphone. Sollten dir spannende Dinge in deinem Alltag begegnen, die für dein Herzensbusiness nützlich sind, kannst du sofort eine Notiz machen und hast diese dann für deine Bilanz-Übung.

Ich danke dir herzlich, dass du mir bis hierhin gefolgt bist. Du gehörst somit zu den privilegierten Menschen, die ihre Einzigartigkeit gefunden haben und jeden Tag ein Stückchen mehr leben können. Es gibt nichts Schöneres, finde ich, wenn man die Chance bekommt, seine Träume zu verwirklichen und zu leben. Das schenkt Zufriedenheit und Glück und nicht zuletzt auch Sinn. Viel Freude wünsche ich dir auf dem Weg von deiner Einzigartigkeit zu deinem Herzensbusiness. Und denke daran: Mit kleinen Schritten kannst du Großes erreichen!

Die Autorin

Anne-Kerstin Busch ist Schreib- und Kreativitäts-Coach. Sie hat eine besondere Methode entwickelt, das intuitive Schreiben. Mit speziellen Übungen gelingt es so, schreibend mit der Intuition zu kommunizieren, die innere Schreibstimme wahrzunehmen und aus ihr heraus zu schreiben.

Außerdem ist sie Spezialistin für die Einzigartigkeit von Menschen. Mit ihrer feinen Wahrnehmung erspürt sie, was andere Menschen einzigartig macht. Mit Ihrem journalistischen Know-how hilft sie Ihren Kunden, die Einzigartigkeit so auf den Punkt zu bringen, dass diese wie ein Leuchtturm in der Nacht sichtbar werden. Sie studierte Musikwissenschaft, Buchwissenschaft und Philosophie an der Johannes Gutenberg-Universität in Mainz.

Mehr im Internet:

https://www.anne-kerstin-busch.com
https://www.durch-schreiben-zum-erfolg.de

Weitere Bücher der Autorin

Mach aus deinem Herzensthema ein Buch! Von der Idee zum erfolgreichen Ratgeber

Du bist Coach, Trainer/-in, Heilpraktiker/-in oder Berater/-in? Zeig dich als Expertin, gib dein Wissen weiter, indem du einen Selbsthilfe-Ratgeber schreibst. Dieses Buch führt dich Schritt für Schritt von der Idee bis zur fertigen Rohfassung deines Ratgebers.

Das Buch ist sowohl als Paperback, als auch als E-Book in guten Buchhandlungen und Online-Shops erhältlich.

Erschienen 2015 bei BoD – Books on Demand

Wenn das Leben Geschenke macht. Inspirationen für Herz und Seele

Fragst du dich auch manchmal, was der Sinn des Lebens mit all seinen Problemen und Herausforderungen ist? Die Autorin hat sich in ihrem eigenen Leben auf die Spurensuche begeben und überraschende Antworten an unvorhergesehenen Orten gefunden.

Ein Geschenkbüchlein für alle, die ein bisschen tiefer blicken und den Sinn ihrer eigenen Geschichten im Leben entdecken wollen.

Das Buch ist sowohl als Paperback, als auch als E-Book in guten Buchhandlungen und Online-Shops erhältlich.-

Erschienen 2014 bei BoD – Books on Demand